MAYUMU: FILIPÍNO AMERICKÉ DEZERTY

100 sladkých dobrot mísí filipínské dědictví s americkým vkusem

Karolína Berkyová

Materiál chráněný autorským právem ©2024

Všechna práva vyhrazena

Žádná část této knihy nesmí být použita nebo přenášena v jakékoli formě nebo jakýmikoli prostředky bez řádného písemného souhlasu vydavatele a vlastníka autorských práv, s výjimkou stručných citací použitých v recenzi. Tato kniha by neměla být považována za náhradu lékařských, právních nebo jiných odborných rad.

OBSAH

OBSAH **3**
ÚVOD **6**
DEZERTY UBE **7**
  1. Sorbet Ube & Mango 8
  2. Ube Halaya ve stylu Mochi 10
  3. Ube & Mango Lumpia 12
  4. Nepečený tvarohový koláč Ube 14
  5. Ube rolovaná zmrzlina 17
  6. Ube Mochi 19
  7. Ube Cupcakes s Ube Pusinky 21
  8. Dort Ube Tres Leches 24
  9. Ube a Kokosový Koláč 27
  10. Ube máslo na polštář 30
  11. Ube Panna Cotta 32
  12. Zmrazená Ube Halaya 35
  13. Ube zmrzlina 37
  14. Ube Tarts 39
  15. Pandesal s plněním Ube 41
  16. Ube Flan 43
  17. Ube rýžové mléko Panna Cotta 45
  18. Haupia a Ube Koláč 47
  19. Ube Tvarohový Dort s Kokosovou Kůrou Cookie ...50
  20. Salát Ube Macapuno 53
  21. Pudinkový koláč Ube 55
  22. Malasadas Ube 58
  23. Lepkavý rýžový dort Ube Macapuno 60
  24. Ube Custard Mamon 62
  25. Ube a Kávové Brownies 65
  26. Ube Crepes 67
  27. Ube Halaya v prášku 69
  28. Mléčný chléb Ube 71
  29. Ube Koblihy s Kokosovou Polevou 75
  30. Ube Banana Crunch 77
  31. Pečeme d Ube s pekanovými ořechy 79
NÁPLNĚ A NÁPLNĚ **81**
  32. Toastový kokosový tvaroh (latik) 82
  33. Malina a chamoy Pichi-Pichi 84
  34. Horchata Bibingka 86
  35. Sušenky a krém Suman Moron 88
  36. Speculoos Biko 90

37. Mramorovaný Tahini Palitaw 92
38. Espasol Bites 94
39. Mini dorty Salabundt 96
40. Konfetové piano 98
41. Ananasové guavové košíčky vzhůru nohama 100
42. Ube Macapuno koláče z roztavené lávy 102
43. Mamon plný marshmallow 104
44. Yema Buckeyes 106

MANGO DEZERTY 108
45. Cheesecake s mangem a chilli 109
46. Čerstvé mango, med a kokos 112
47. Filipínský mangový lepkavý rýžový dezert 114
48. Zmrzlinový koláč s mangem a chilli 116
49. Kokosový tapiokový pudink s mango 118
50. Hvězda ovoce v mango-pomerančové omáčce 120
51. Zmrzlinový dort s mangem a chilli 122
52. Mango plovák 124

BANÁNOVÉ DEZERTY 126
53. Filipínský dušený banánový dort 127
54. Banánové koule 129
55. Filipínský banán-liči dezert v kokosovém mléce 131
56. Filipínské banány v kokosovém mléku 133
57. Sladké brambory a banány v kokosovém mléce 135
58. Banánové jarní závitky 137

RÝŽOVÉ DEZERTY 139
59. Dušená rýže a kokosový dort 140
60. Rýžový nákyp s tmavým sirupem z kokosového cukru 142
61. Filipínské dezertní rýžové poháry 144
62. Rýže & Kokos Sladká Palačinka 146
63. Pandan pudink & lepkavá rýže vrstvená sladkost 148

OVOCNÉ SALÁTY 150
64. Buko salát 151
65. Ovocný salát ve filipínském stylu 153
66. Tropický ovocný salát 155

CHLÉB 157
67. Ensaymada 158
68. Pan de Coco 160
69. Španělský chléb 162
70. Turon (Banana Lumpia) 164
71. Bicho-Bicho (kroucené koblihy) 166
72. Hopia 168
73. Filipínský banánový chléb Bibingka 170

MRAŽENÉ DOBRY 173

74. Pandanská zmrzlina ... 174
75. Filipínská mangová zmrzlina ... 176
76. Zmrzlina s Chilli Karamelovou Omáčkou ... 178
77. Oholený ledový dezert ... 180
78. Halo-Halo nanuky ... 182
79. Mango & kokosový sorbet ... 184
80. Granita s ananasem a kokosem ... 186
81. Mango Kokosové Ice Pops ... 188
82. Avokádová zmrzlina ... 190

TOFU DEZERTY ... 192
83. Taho ... 193
84. Tofu Leche Flan ... 195
85. Tofu Halo-Halo ... 197
86. Tofu Maja Blanca ... 199
87. Tofu Mango Sago ... 201
88. Tapiokový pudink Tofu Ube ... 203
89. Tofu Buko Pandan salát ... 205

POMAZÁNKY A DŽEMY ... 207
90. Matamis Na Bao ... 208
91. Karamelizovaný džem z banánů a jackfruitů ... 210
92. Broskvový mangový kompot ... 212
93. Mango ananasový džem ... 214
94. Guava želé ... 216
95. Marmeláda Calamansi ... 218
96. Mango chutney ... 220
97. Ananasový kokosový džem ... 222
98. Chilli mango chutney ... 224
99. Čerstvé ananasové chutney ... 226
100. Limetkové chutney ... 228

ZÁVĚR ... 230

ÚVOD

Vítejte v "Mayumu: Filipínské americké dezerty", kde oslavujeme spojení filipínského dědictví s americkým vkusem prostřednictvím 100 sladkých lahůdek, které vzrušují chuťové pohárky a ctí kulinářské tradice. Mayumu, což ve filipínštině znamená sladkost, ztělesňuje podstatu této kuchařky, když zkoumáme nádherný průnik chutí, technik a přísad, které definují filipínské americké dezerty.

V této kuchařce se vydáte na nádhernou cestu bohatým a rozmanitým světem filipínských amerických dezertů. Od klasických oblíbených, jako je leche flan a halo-halo, až po inovativní výtvory, jako je ube cheesecake a pandan cupcakes, každý recept je oslavou jedinečné kulturní směsi, která charakterizuje filipínskou americkou kuchyni. Ať už toužíte po nostalgických příchutích z dětství nebo chcete prozkoumat nové kulinářské obzory, tyto dezerty nabízejí sladkou a uspokojující chuť obou světů.

To, co odlišuje „Mayumu: Filipínské americké dezerty", je jeho oddanost autenticitě a kreativitě. Každý recept čerpá inspiraci z tradičních filipínských dezertů a zároveň zahrnuje moderní obraty a vlivy z amerických kulinářských tradic. Ať už se jedná o použití známých ingrediencí novými způsoby nebo experimentování s inovativními kombinacemi chutí, tyto dezerty odrážejí živou a dynamickou povahu filipínské americké kuchyně.

V této kuchařce najdete praktické tipy pro zvládnutí základních technik, získávání autentických ingrediencí a naplnění vašich dezertů vřelostí a pohostinností filipínské kultury. Ať už pečete pro zvláštní příležitost, dělíte se o dobroty s rodinou a přáteli nebo si jen dopřáváte sladké chvíle péče o sebe, „Mayumu: Filipínské americké dezerty" vás zve k vychutnání bohaté tapisérie chutí a zážitků, které toto definují. jedinečné kulinářské dědictví .

DEZERTY UBE

1.Sorbet Ube & Mango

SLOŽENÍ:
- 1 šálek ube (fialové jam) pyré
- 1 šálek mangového pyré
- 1/2 šálku cukru
- 1/4 šálku vody
- 1 lžíce citronové šťávy

INSTRUKCE:
a) V malém hrnci smíchejte cukr a vodu. Zahřívejte na středním plameni za stálého míchání, dokud se cukr úplně nerozpustí. Odstraňte z ohně a nechte vychladnout.
b) V mixéru smíchejte ube pyré, mangové pyré, vychlazený cukrový sirup a citronovou šťávu. Rozmixujte do hladka.
c) Směs nalijte do zmrzlinovače a šlehejte podle návodu výrobce, dokud nedosáhne konzistence sorbetu.
d) Sorbet přendejte do nádoby a před podáváním zmrazte alespoň na 4 hodiny.

2. Ube Halaya ve stylu Mochi

SLOŽENÍ:
- 1 šálek lepkavé rýžové mouky
- 1/4 šálku cukru
- 1 šálek vody
- 1/2 šálku práškového ube halaya
- Další lepkavá rýžová mouka na posypání

INSTRUKCE:
a) V misce vhodné do mikrovlnné trouby smíchejte mouku z lepkavé rýže, cukr a vodu. Míchejte do hladka.
b) Směs zahřívejte v mikrovlnné troubě na nejvyšší výkon po dobu 2–3 minut a každou minutu míchejte, dokud nezhoustne v lepivé těsto.
c) Těsto necháme mírně vychladnout, poté jej rozdělíme na malé porce a každou zploštíme na kotouč.
d) Umístěte malé množství práškové ube halaya do středu každého kotouče těsta, poté sevřete okraje k sobě, aby se uzavřely a vytvořily kouli.
e) Kuličky obalte v další lepkavé rýžové mouce, aby se nepřilepily.
f) Ihned podávejte nebo skladujte ve vzduchotěsné nádobě při pokojové teplotě po dobu až 2 dnů.

3. Ube & Mango Lumpia

SLOŽENÍ:
- Lumpia obaly (koupené v obchodě nebo domácí)
- Ube halaya
- Plátky zralého manga
- Olej na vaření na smažení
- Moučkový cukr na posypání (volitelně)

INSTRUKCE:
a) Na čistý povrch položte lumpiový obal.
b) Na střed obalu naneste malé množství ube halaya.
c) Na ube halaya položte plátek zralého manga.
d) Strany obalu přeložte přes náplň, poté ji pevně srolujte do válce a okraje utěsněte vodou.
e) Opakujte se zbývajícími obaly a náplní.
f) Zahřejte olej na vaření ve fritéze nebo pánvi na 350 °F (175 °C).
g) Rohlíky lumpia opatrně po dávkách přidávejte do horkého oleje a opékejte, dokud nebudou zlatavě hnědé a křupavé, asi 3–4 minuty na dávku.
h) Vyjměte hrudky z oleje a nechte je okapat na papírových utěrkách.
i) Před podáváním případně hrudku poprášíme moučkovým cukrem.
j) Podávejte teplé a užívejte si!

4. Nepečený tvarohový koláč Ube

SLOŽENÍ:
NÁPLŇOVÉ SLOŽKY
- 2 šálky veganského smetanového sýra
- 1 šálek ube 250 gramů
- 1 šálek kokosové smetany
- ½ šálku javorového sirupu
- ½ lžičky vanilky
- ½ lžičky skořice

SLOŽKY KŮRY
- 2 šálky pekanových ořechů
- ¼ šálku kokosového cukru
- ¼ šálku kokosového oleje
- špetka vanilky
- špetka soli

INSTRUKCE:
a) Začněte umytím a peelingem ube. Poté ji nakrájejte nahrubo na menší kousky.
b) Vložte ube do vroucí vody a vařte 7-10 minut, dokud nebude příze super měkká a můžete do ní snadno zapíchnout vidličku.
c) Jakmile je ube uvařená, rozmačkejte ji vidličkou nebo šťouchadlem na brambory.
d) Odměřte 250 gramů, což se rovná asi 1 šálku.
e) Přidejte ube, smetanový sýr, kokosový krém, javorový sirup, vanilku a skořici do kuchyňského robotu a rozmixujte všechny ingredience, dokud nebudou super hladké.
f) Míchal jsem ten můj alespoň pět minut při vysoké rychlosti, protože jsem chtěl mít super hladkou texturu.
g) Jakmile je tvarohová náplň krémová a hladká, odstavte ji.
h) Do čistého kuchyňského robotu přidejte pekanové ořechy, cukr, kokosový olej, vanilku a sůl. Pulsujte je, dokud se dobře nespojí.
i) Formu vyložte pečicím papírem a vymažte ji kokosovým olejem.
j) Přeneste krustovou náplň na pánev. Může být trochu měkké a tekuté, ale to nevadí, protože v lednici ztuhne.
k) Použijte lžíci, abyste se ujistili, že je rovnoměrně rozprostřena na pánvi.
l) Nyní nalijte tvarohovou náplň na kůrku a pomocí lžíce uhlaďte vršek a vytvořte rovnoměrnou vrstvu.
m) Cheesecake dejte do lednice přes noc nebo na 6 a více hodin. Tento čas bude potřebovat k úplnému vytvrzení.
n) Jakmile je dort hotový, nakrájejte ho a užívejte si!

5.Ube rolovaná zmrzlina

SLOŽENÍ:
- 1 šálek kostky ube
- 2 šálky husté smetany
- 14-uncová plechovka slazeného kondenzovaného mléka
- 1 lžička kokosového extraktu
- Opečený kokos, na ozdobu

INSTRUKCE:
a) V malém hrnci přiveďte k varu 4 hrnky vody.
b) Přidejte kostky nakrájené na kostičky a snižte na mírném ohni po dobu 5 až 10 minut, dokud vidlička nezměkne.
c) Uvařené kousky brambor přecedíme a necháme vychladnout.
d) Přidejte hustou smetanu, kondenzované mléko a vařené ube do mixéru.
e) Mixujte při vysoké rychlosti asi 5 sekund, dokud se nespojí.
f) Směs nalijte na vymazaný plech a zmrazte asi 30 minut, dokud neztuhne.
g) Zmrzlinu nakrájejte na proužky a pomocí stěrky ji jemně srolujte do krátkých trubiček.
h) Každou trubičku vložte do mísy a posypte praženým kokosem.

6.Ube Mochi

SLOŽENÍ:
- 4 vejce
- 2 šálky mléka bez tuku
- 1 plechovka 13,5 unce kokosového mléka
- 1 lžička vanilky
- 2 lžičky ube extraktu
- 1 krabice 16 uncí mochiko mouky
- 2 hrnky cukru
- 2 lžičky prášku do pečiva
- ½ lžičky soli
- 1/2 šálku rozpuštěného nesoleného másla

INSTRUKCE:
a) Předehřejte troubu na 350 F.
b) Ve střední míse smíchejte mokré ingredience vejce, mléko, kokosové mléko, extrakt z ube a vanilku. Míchejte, aby se spojily. Dát stranou.
c) Ve velké míse smíchejte suché ingredience mochiko mouku, cukr, prášek do pečiva a sůl. Míchejte, aby se spojily.
d) Přidáme mokré ingredience k vysušení. Míchejte, aby se spojily. Přidejte máslo a znovu míchejte, dokud se dobře nespojí.
e) Formu 9×13 vyložte pečicím papírem. Nalijte směs do pánve a poklepejte na pánev, aby se uvolnily vzduchové bubliny.
f) Vložte do trouby a pečte 1 hodinu, nebo dokud není povrch zlatavě hnědý.
g) Nechte pánev úplně vychladnout, než budete krájet a užívat si.

7.Ube Cupcakes S Ube Pusinky

SLOŽENÍ:
NA KOŠÍČKY
- 1 a 1/4 zapíchněte nesolené máslo při pokojové teplotě
- 1 a 2/3 šálku univerzální mouky
- 3/4 lžičky prášku do pečiva
- 1 a 3/4 hrnku cukru
- 1 lžička soli
- 3 lžičky ube příchutě Flavacol nebo Mc Cormick
- 3 bílky pokojové teploty
- 3/4 šálku mléka pokojové teploty

PRO ŠVÝCARSKOU MÁSLU UBE MERINGUE
- 3 bílky
- 3/4 šálku cukru
- 1 a 1/2 tyčinky nesoleného másla změkl
- 1 lžíce ube příchutě

INSTRUKCE:
a) Předehřejte troubu na 350 F. Vyložte formu na muffiny vložkami na košíčky a druhou vyložte 5 vložkami.

b) Máslo, prášek do pečiva, sůl, cukr a příchuť ube šlehejte v míse stojanového mixéru asi 5 minut, dokud nebudou ingredience nadýchané a zapracované.

c) S mixérem na nízkou rychlost přidávejte bílky jeden po druhém a míchejte několik sekund, dokud se zcela nezapracují do těsta.

d) Přidejte ⅓ mouky a pokračujte v míchání. Přidejte polovinu mléka, promíchejte a přidejte další třetinu mouky. Přidejte zbývající polovinu mléka, míchejte, dokud se nezapracuje a nakonec přidejte zbývající třetinu mouky.

e) Míchejte těsto ještě několik minut, dokud nebude hladké. Lžící vkládejte do šálků, dokud nebudou ze 2/3 plné.

f) Pečte v troubě vyhřáté na 350 F po dobu 15–18 minut, nebo dokud párátko vložené do středu košíčku nevyjde čisté. Koláče před polevou zcela vychladněte na mřížce.

PRO ŠVÝCARSKOU MÁSLOVOU MÁSLU:
g) Naplňte hrnec na vaření asi 2-3 palce vody. Přiveďte vodu k varu, snižte plamen a nechte vařit.

h) Na hrnec s vařící vodou položte misku z žáruvzdorného skla. Měla by to být mísa, která dokonale padne nad hrnec. Vařící voda by se neměla dotýkat dna mísy. Pokud ano, musíte opatrně snížit množství vody.
i) Do mísy přidejte bílky a cukr a začněte nepřetržitě šlehat drátěnou metlou. Jakmile se směs změní na pěnovou a bílou a dosáhne teploty 160 F, vypněte ohřev. To by mělo trvat asi deset minut. Nalijte směs vaječných bílků do mísy stojanového mixéru vybaveného šlehací metlou. Začněte šlehat na vysokou rychlost, dokud směs nevytvoří lesklé a pevné vrcholy. To by mělo trvat asi 5-8 minut. Miska by měla být studená na dotek.
j) Do mixéru přidejte změklé máslo a pokračujte ve šlehání. Máslový krém se může stát hrudkovitým nebo se může na okamžik srazit. Šlehejte, dokud nevznikne hustá, nadýchaná poleva. Přidejte příchuť ube a pokračujte ve šlehání, dokud se nespojí.
k) Skladujte v těsně uzavřené nádobě při pokojové teplotě nebo použijte hned polevu.

8. Dort Ube Tres Leches

SLOŽENÍ:
- 3 velká vejce, oddělená
- 1/8 lžičky tatarského krému
- 1 hrnek cukru
- 1 hrnek univerzální mouky
- 2 lžičky prášku do pečiva
- 1/4 šálku plnotučného mléka
- 2 lžičky ube extraktu

PRO NAMÁČENÍ KAPALINY
- 1 šálek husté smetany
- 1 plechovka kokosového mléka
- 1 plechovka kondenzovaného mléka

PRO PUSINKU
- 4 bílky
- 1/8 lžičky tatarského krému
- 2 lžíce cukru
- 1/4 šálku neslazeného strouhaného kokosu

INSTRUKCE:
a) Předehřejte troubu na 350 F. Skleněnou zapékací mísu 8X8 vymažte tukem a dejte stranou.
b) V samostatné misce smíchejte mouku a prášek do pečiva. Dát stranou.
c) V míse stojanového mixéru ušlehejte bílky a tatarskou smetanu, dokud se nevytvoří měkké vrcholy. Pomalu přidávejte cukr a šlehejte do ztuhnutí.
d) Jeden po druhém zašlehejte žloutky, dokud se nespojí.
e) Zapněte mixér na nízkou rychlost a po troškách vmíchejte mouku, dokud se nespojí.
f) V odměrce smíchejte mléko a extrakt z ube. Tuto směs nalijte do těsta na koláč a vyšlehejte do hladka.
g) Toto těsto nalijte do vymazaného pekáče a pečte 25-30 minut. Dort se odrazí, když se ho dotknete. Během přípravy namáčecí tekutiny 10 minut chlaďte.
h) Šlehejte smetanu, kokosové mléko a kondenzované mléko, dokud se dobře nespojí.

i) Pomocí hůlky nebo špejle propíchněte do koláče otvory asi 1/2"- 1" od sebe. Veškerou namáčecí tekutinou nalijte celý dort. Bude to vypadat, že je to příliš, ale počkejte pár sekund a vše se vsákne do houby.
j) Dejte do lednice alespoň na hodinu nebo přes noc.

UDĚLEJTE SUSINKU.

k) Z bílků, smetany a cukru ušleháme tuhý sníh. Potřete vršek koláče a pečte v troubě 350F po dobu 10 minut nebo do zlatohnědé.

9.Ube A Kokosový Koláč

SLOŽENÍ:
PRO KŮRU:
- 7 uncí čokoládových oplatkových sušenek, jemně mletých
- 4 lžíce nesoleného másla, rozpuštěného

PRO PLNĚNÍ:
- Plnotučné kokosové mléko v plechovce 13 1/2 unce
- 1 1/2 šálku plnotučného mléka, rozdělené
- 12 uncí ube halaya
- 1/3 šálku krystalového cukru
- 1/2 lžičky košer soli
- 1/8 lžičky mleté skořice
- 5 žloutků
- 1/3 šálku kukuřičného škrobu
- 1 lžička vanilkového extraktu
- 1 lžička ube extraktu
- šlehačka, na polevu

INSTRUKCE:
a) Předehřejte troubu na 350 stupňů F.
b) V kuchyňském robotu najemno pomelte sušenky. Zakápněte rozpuštěným máslem a pulzujte, dokud nebude rovnoměrně navlhčené. Nalijte do lehce máslem vymazané 9palcové koláčové formy. Pevně zatlačte na boky a dno.
c) Pečte 8 minut jen do ztuhnutí. Necháme úplně vychladnout.
d) K přípravě náplně smíchejte kokosové mléko, 1 1/4 šálku plnotučného mléka, ube halaya, cukr, sůl a skořici v těžkém hrnci nastaveném na střední teplotu. Za občasného míchání přiveďte k varu, dokud se cukr nerozpustí.
e) Ve střední misce rozšlehejte zbývající 1/4 šálku mléka se žloutky. Všlehejte kukuřičný škrob do hladka a nezůstanou žádné hrudky.
f) Pomalu pokapejte asi 1/4 šálku horké mléčné směsi a intenzivně šlehejte. Pokračujte ve šlehání horkého mléka, 1/4 šálku najednou, dokud nebude zapracována asi 1/3 mléčné směsi a žloutková směs bude teplá na dotek.
g) Nalijte do hrnce se zbývající mléčnou směsí a vraťte na střední teplotu.

h) Za častého šlehání přiveďte k varu, aby se spodek pudinku nepřipálil, a jakmile začne bublat, vařte ještě 2 minuty.
i) Sundejte z ohně a zašlehejte vanilkový a ube extrakt.
j) Do vychladlé krusty nalijte pudink a rozetřete do rovnoměrné vrstvy. Nechte vychladnout na pokojovou teplotu, poté přikryjte a chlaďte alespoň 3 hodiny nebo přes noc, dokud úplně neztuhne.
k) Těsně před podáváním potřeme čerstvou šlehačkou. Ozdobte sezónním posypem dle libosti.

10. Ube máslo na polštář

SLOŽENÍ:
- 1 šálek nesoleného másla, změkčeného
- 1/2 šálku moučkového cukru
- 1/4 šálku ube halaya

INSTRUKCE:
a) V míse vyšlehejte změklé máslo do krémova.
b) Postupně přidávejte moučkový cukr a šlehejte, dokud se dobře nespojí a nebude nadýchaný.
c) Přidejte ube halaya a pokračujte v šlehání, dokud se zcela nezapracuje a směs nebude hladká.
d) Přeneste máslo na polštář ube do vzduchotěsné nádoby a uložte do chladničky, dokud nebude připraveno k použití.

11. Ube Panna Cotta

SLOŽENÍ:
- 2 lžičky práškové želatiny
- 3 lžíce studené vody
- 1 1/4 šálku husté kokosové smetany
- 1/2 hrnku bílého cukru
- 2 lžičky ube extraktu
- 1/4 lžičky soli
- 2 hrnky kokosového mléka
- 1/2 šálku opečených kokosových vloček

INSTRUKCE:
a) Nejprve postavte všechny své šálky/ramekiny na pult, abyste byli připraveni nalít směs panna cotty.
b) Pak připravte panna cottu! Vložte 3 polévkové lžíce studené vody do mělké široké mísy a posypte vodou želatinou, aby všechen prášek dostal trochu tekutiny / plechovky hydratovat. Nechte sedět na pultu mimo sporák po dobu 5-10 minut, aby kvetl/hydratoval.
c) Odděleně začněte ohřívat kokosovou smetanu a cukr v malém a středním hrnci na středně nízkém ohni – za stálého míchání, aby se směs nevařila a nepřipálila. Pomocí cukrovinkového teploměru připojeného k pánvi zahřejte směs, dokud nedosáhne 170 ° F, poté vypněte teplo, vyjměte teploměr a vmíchejte rozkvetlou želatinu, sůl a extrakt z ube, dokud se zcela nespojí.
d) Nakonec přidejte kokosové mléko a míchejte do hladka. Pokud se bojíte hrudek, sceďte tekutinu přes sítko. Poté směs rovnoměrně nalijte do svých šesti nádob.
e) Šest kelímků/mističek opatrně vložte do lednice a nechte vychladit alespoň 8 hodin nebo jen přes noc.
f) Jakmile panna cotta ztuhne, měla by se ještě trochu chvět, ale při převrácení by měla zůstat v šálcích.
g) Nakonec každou panna cottu posypte asi lžící opečených kokosových vloček! Kokosové vločky opékejte tak, že je za stálého míchání zahřejte na pánvi s plochým dnem dozlatova, poté ihned stáhněte z ohně a nasypte vločky na papírové utěrky, aby vychladly.
h) Jakmile je panna cotta pokrytá kokosem, podávejte!
i) Uchovávejte v chladu až do podávání.

12. Zmrazená Ube Halaya

SLOŽENÍ:
- 2 šálky uvařeného a rozmačkaného fialového jamu (ube)
- 1 plechovka (14 uncí) kondenzovaného mléka
- 1 plechovka (12 uncí) odpařeného mléka
- 1/2 šálku cukru
- 1/4 šálku másla

INSTRUKCE:
a) Ve velké nepřilnavé pánvi smíchejte rozmačkaný fialový yam, kondenzované mléko, odpařené mléko a cukr.
b) Směs vařte na středním plameni za stálého míchání, dokud nezhoustne a neodlepí se od stěn pánve.
c) Přidejte máslo a za stálého míchání pokračujte ve vaření, dokud směs nebude velmi hustá a téměř suchá.
d) Směs přendejte do obdélníkové misky vyložené pečicím papírem. Vršek uhlaďte špachtlí.
e) Nechte halaya úplně vychladnout, poté zakryjte plastovou fólií a zmrazte alespoň 4 hodiny nebo dokud neztuhne.
f) Po zmrznutí nakrájejte na servírovací plátky a užívejte si!

13. Ube zmrzlina

SLOŽENÍ:
- 2 šálky husté smetany ke šlehání 36 % tuku nebo vyšší
- 3/4 šálku slazeného kondenzovaného mléka
- 2 lžičky aromatického extraktu ube
- 1 lžíce ube prášku
- 1/2 lžičky vanilkového extraktu

INSTRUKCE:
a) Do velké mixovací nádoby nalijte 2 kelímky studené husté smetany ke šlehání a pomocí elektrického ručního šlehače vyšlehejte na vysokou rychlost. Šlehejte, dokud se nevytvoří tuhé vrcholy.
b) Nyní ke šlehačce přidejte 3/4 šálku slazeného kondenzovaného mléka a znovu šlehejte asi 1-2 minuty na vysokou rychlost.
c) Poté přidejte 2 čajové lžičky aromatického extraktu ube, 1 polévkovou lžíci prášku ube a 1/2 čajové lžičky vanilkového extraktu.
d) Vše důkladně promícháme a přendáme do ošatky. Před podáváním zakryjte zábalem lag six a zmrazte asi 5 hodin.

14. Ube Tarts

SLOŽENÍ:
- 36 ks zmrazených 2palcových mini dortových skořápek, rozmražených
- 1 8-uncový blok smetanového sýra pokojové teploty
- 5 uncí ube jam pokojové teploty
- ½ šálku slazeného kondenzovaného mléka
- 2½ lžičky extraktu z ube
- špetka soli

INSTRUKCE:
a) Předehřejte troubu na 375 F. Skořápky dortů položte na plech a pečte 10 minut, nebo dokud nezískají světle zlatohnědou barvu.
b) Opatrně vyjmeme z formiček a necháme vychladnout. Snižte teplotu trouby na 350 F.
c) Ve velké míse pomocí ručního elektrického mixéru nebo pomocí stojanového mixéru vybaveného lopatkovým nástavcem ušlehejte smetanový sýr a ube marmeládu, dokud nebudou hladké a spojené.
d) Do směsi ube přidejte extrakt z ube, kondenzované mléko a sůl a pokračujte v šlehání, dokud se dobře nesmíchá.
e) Skořápky dortů naplňte náplní ube.
f) Pečte 10 minut nebo dokud náplň neztuhne a kůrka nezezlátne.
g) Vyjměte z trouby, mírně vychladněte a podávejte. Před podáváním můžete koláče také vychladit. Užívat si!

15. Pandesal s plněním Ube

SLOŽENÍ:
NA TĚSTO:
- 4 hrnky univerzální mouky
- 1/2 šálku cukru
- 2 1/4 lžičky instantního droždí
- 1/2 šálku vody
- 1/2 šálku odpařeného mléka
- 2 velká vejce
- 1/4 šálku nesoleného másla, změkčeného

PRO NÁPLŇ UBE:
- 1 šálek rozmačkaného fialového yamu (ube)
- 1/2 šálku slazeného kondenzovaného mléka

INSTRUKCE:
a) V míse smíchejte mouku, cukr a instantní droždí.
b) K suchým ingrediencím přidejte vodu, odpařené mléko a vejce. Míchejte, dokud nevznikne těsto.
c) Přidejte změklé máslo a hněťte, dokud těsto nebude hladké a pružné.
d) Těsto přikryjeme a necháme na teplém místě kynout, dokud nezdvojnásobí svůj objem, asi 1-2 hodiny.
e) Mezitím si připravte náplň ube smícháním rozmačkaného fialového yamu a slazeného kondenzovaného mléka, dokud se dobře nespojí.
f) Těsto protlačíme a rozdělíme na porce.
g) Každou část těsta vyrovnejte a doprostřed dejte lžíci náplně ube.
h) Náplň uzavřete sevřením okrajů těsta k sobě a poté tvarujte kuličky.
i) Naplněné kuličky těsta obalíme ve strouhance.
j) Obalené kuličky pokládejte na plech vyložený pečicím papírem.
k) Vytvarované těsto necháme znovu kynout do nafouknutí, asi 30 minut.
l) Předehřejte troubu na 350 °F (175 °C).
m) Pečte v předehřáté troubě 15-20 minut nebo do zlatova.
n) Vyjměte z trouby a před podáváním nechte mírně vychladnout.

16. Ube Flan

SLOŽENÍ:
- 10 žloutků
- 14 uncí plechovka kondenzovaného mléka
- 12 uncí plechovka odpařeného mléka
- 1 lžíce ube extraktu
- 3/4 šálku krystalového cukru
- 2 lžíce vody

INSTRUKCE:
a) Předehřejte troubu na 350 F
b) V malém hrnci vařte na středním plameni cukr a vodu, dokud se všechen cukr nerozpustí
c) Poté snižte teplotu a pokračujte ve vaření cukru, dokud nedosáhnete zlaté karamelové barvy
d) Karamel rozdělte na 6 plátků a nechte vychladnout
e) Ve velké míse jemně prošlehejte žloutky s kondenzovaným mlékem a extraktem z ube
f) Poté vlijte odpařené mléko a zlehka promíchejte, aby se spojil
g) Směs vajec a mléka nalijte přes jemné síto a naplňte jím každý ramekin, sotva po vrch
h) Dno pečícího plechu vyložte utěrkou a položte na něj každý ramekin
i) Poté naplňte pekáč vroucí vodou, dokud nebude sahat do poloviny stran ramekin
j) Přeneste plech do trouby a pečte 45-55 minut.

17. Ube rýžové mléko Panna Cotta

SLOŽENÍ:
- 1 ube, oloupaná
- 1 ½ šálku plnotučného mléka, rozdělené
- 1 hrnek rýžového mléka
- ½ šálku bílého cukru
- 1/4 unce balení neochucené želatiny

INSTRUKCE:
a) Vložte parní vložku do hrnce a naplňte vodou těsně pod dno pařáku.
b) Přiveďte vodu k varu. Přidejte ube, přikryjte a duste do měkka, asi 20 minut. Chladit, dokud se s ním nebude snadno manipulovat.
c) Ube pyré v mixéru nebo kuchyňském robotu nebo důkladně rozmačkejte rukou.
d) Smíchejte 1 šálek pyré ube, 3/4 šálku mléka, rýžové mléko a cukr v mixéru nebo kuchyňském robotu; mixujte, dokud nebude úplně hladká.
e) Nalijte zbývající 3/4 šálku plnotučného mléka do hrnce. Navrch nasypeme želatinu. Necháme 5 minut odstát.
f) Směs mléko-želatina zahřejte na středně mírném ohni a míchejte, dokud se želatina nerozpustí, 3 až 5 minut. Nalijte směs ube a zvyšte teplotu na střední. Zahřívejte, dokud ze směsi nezačne stoupat pára, za občasného míchání 3 až 5 minut.
g) Směs nalijte do jednotlivých servírovacích sklenic nebo formiček. Přendejte do lednice a chlaďte do ztuhnutí, asi 3 hodiny.

18.Haupia A Ube Koláč

SLOŽENÍ:
KŮRA:
- 1 ½ šálku univerzální mouky
- ⅓ šálku bílého cukru
- ¾ šálku másla, nakrájeného na kostky

VRSTVA UBE:
- ½ šálku másla, změkčeného
- ½ šálku bílého cukru
- 2 vejce
- 3 šálky vařené a rozmačkané ube
- ½ šálku mléka
- 1 lžička vanilkového extraktu

VRSTVA HAUPIA:
- 1 ¼ šálku studené vody
- ½ šálku bílého cukru
- ½ šálku kukuřičného škrobu
- Dvě 14 uncové plechovky kokosového mléka
- 2 hrnky strouhaného kokosu

INSTRUKCE:
a) Předehřejte troubu na 350 stupňů F. Vymažte pekáč o rozměrech 9 x 13 palců.
b) Ve velké míse smíchejte mouku a 1/3 šálku bílého cukru. Prsty rozetřete máslo, dokud nebude směs písčitá. Vtlačíme do vymazaného pekáče.
c) Kůru pečte v předehřáté troubě dozlatova po okrajích, asi 10 minut.
d) Vyšlehejte 1/2 hrnku másla a 1/2 hrnku bílého cukru v míse elektrickým šlehačem do krémova. Po jednom zašleháme vejce. Vmíchejte rozmačkané ube, mléko a vanilkový extrakt, dokud těsto nebude konzistence těsta na palačinky. Nalijte přes kůrku.
e) Pečte v předehřáté troubě, dokud vrstva ube není pevná, asi 30 minut.
f) Šlehejte vodu, 1/2 šálku bílého cukru a kukuřičný škrob v malé misce, dokud nebude hladká.
g) Nalijte kokosové mléko do 5-litrového hrnce.
h) Přiveďte k varu na mírném ohni, asi 5 minut. Zalijte vodní směs, za stálého šlehání, dokud kokosové mléko nezhoustne, 3 až 5 minut. Vmíchejte strouhaný kokos; vařte a míchejte, dokud směs nezhoustne, ještě asi 5 minut.
i) Nalijte kokosovou směs na vrstvu ube. Nechte v chladu do ztuhnutí, 4 hodiny až přes noc.

19. Ube Tvarohový Dort S Kokosovou Kůrou Cookie

SLOŽENÍ:
KOKOSOVÁ KŮRA
- 1 ½ šálku strouhanky z grahamového sušenky
- ½ hrnku slazeného strouhaného kokosu
- 6 lžic nesoleného másla rozpuštěného a mírně vychladlého
- špetka soli

NÁPLŇ UBE CHEESECAKE
- 2 8-uncový blok smetanového sýra pokojové teploty
- ½ šálku krystalového cukru může potřebovat více
- 5 uncí ube jam pokojové teploty
- ¾ šálku zakysané smetany pokojové teploty
- 1 lžička vanilkového extraktu
- 3 lžičky ube extraktu
- 3 ks velká vejce pokojové teploty

KOKOSOVÁ ŠLEHAČKA
- 14-uncová plechovka kokosového krému chlazená
- 2 lžíce krystalového cukru
- 1 lžička vanilkového extraktu

INSTRUKCE:
a) Předehřejte troubu na 325 F. Dno 9palcové formy vyložte pečicím papírem a dejte stranou.
b) Ve střední misce smíchejte všechny ingredience na kůru a míchejte, dokud nebudou rovnoměrně vlhké.
c) Přeneste do připravené pánve a pomocí zadní části lžíce nebo odměrky ji pevně zabalte ke dnu. Dát stranou.
d) Pomocí ručního elektrického mixéru nebo stojanového mixéru vybaveného lopatkovým nástavcem šlehejte smetanový sýr při střední/vysoké rychlosti, dokud nebude nadýchaný, 2–3 minuty.
e) Přidejte ½ šálku cukru a pokračujte v šlehání další 2 minuty.
f) Přidejte 5 uncí ube džemu a ¾ šálku zakysané smetany. Šlehejte do hladka a nezapracujte. Ujistěte se, že jste rozlomili všechny kousky džemu ube.
g) Přidejte 1 lžičku vanilkového extraktu a 3 lžičky ube extraktu a míchejte, dokud se nespojí. Ochutnejte své těsto a rozhodněte se,

zda jste v pořádku se sladkostí. V případě potřeby přidejte cukr po 1 lžíci.
h) Po jednom přidejte vejce, každé šlehejte, dokud se nespojí. Nezapomeňte oškrábat dno a boky mísy, abyste se ujistili, že se dostanete do posledního centimetru těsta.
i) Nalijte těsto do pánve a jemně poklepejte na pult. Umístěte pánev na střední rošt vaší trouby. Na spodní rošt položte pekáč naplněný horkou vodou.
j) Pečte 30 minut při 325 F, poté snižte teplotu trouby na 300 F a pečte dalších 30 minut nebo dokud neztuhnou.
k) Vypněte troubu, pootevřete dvířka trouby, ale nechte cheesecake uvnitř ještě hodinu, aby mohl postupně vychladnout.
l) Cheesecake vyndejte z trouby, přejeďte tenkým ostrým nožem po okrajích, aby se koláč oddělil od formy. Dort však z formy nevyndávejte. Můžete dát rovnou do lednice vychladit na 6-8 hodin, nejlépe přes noc.
m) Až budete připraveni podávat, připravte si kokosovou šlehačku tak, že vychlazenou plechovku vyndáte z lednice a vydlabete pevné části do malé misky.
n) Přidáme 2 lžíce cukru, 1 lžičku vanilkového extraktu a ušleháme dotuha.
o) Cheesecake podáváme navrchu s kopečkem kokosové šlehačky a posypeme strouhaným kokosem.

20.Salát Ube Macapuno

SLOŽENÍ:

- 1 plechovka (12 uncí) slazeného kondenzovaného mléka
- 1 šálek univerzální smetany nebo šlehačky
- 1 šálek macapuna (konzervované kokosové struny)
- 1 šálek kaongu (plody cukrové palmy), scezený
- 1 šálek nata de coco (kokosový gel), scezený
- 1 šálek mini marshmallows (volitelné)
- Želatina s příchutí Ube (volitelně), kostková

INSTRUKCE:

a) V misce smíchejte slazené kondenzované mléko a univerzáln smetanu nebo šlehačku. Míchejte, dokud se dobře nespojí.
b) Do směsi mléka a smetany přidejte macapuno, kaong a nata de coco. Dobře promíchejte.
c) Pokud chcete, přidejte mini marshmallows a nakrájenou želatinu s příchutí ube a jemně je vmíchejte do salátu.
d) Ube macapuno salát před podáváním nechte alespoň 1 hodinu vychladit v lednici.
e) Podávejte vychlazené jako jedinečný a chutný dezert.

21.Pudinkový koláč Ube

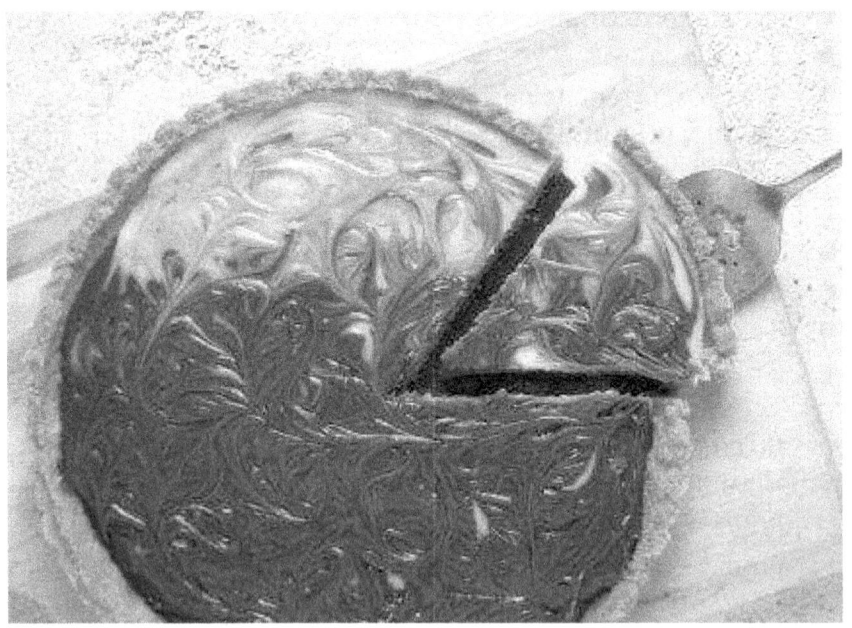

SLOŽENÍ:
PRO GRAHAMOVOU KŮRU
- 1 a 2/3 šálku Graham Crumbs
- 2 lžíce cukru
- 6 lžic rozpuštěného nesoleného másla

PRO NÁPLŇ PURIDŮ UBE
- 1/8 šálku cukru
- 1/4 šálku kukuřičného škrobu
- 1 šálek zakysané smetany
- 1 a 1/2 šálku kondenzovaného mléka
- 3 žloutky
- 2 lžičky ube příchutě

INSTRUKCE:
PŘIPRAVTE GRAHAMOVOU KŮRU
a) Předehřejte troubu na 350 F. V míse smíchejte cukr a grahamové drobky. Dobře promíchejte. Nalijte rozpuštěné máslo a směs promíchejte, aby se rozpuštěné máslo rozlilo. Směs bude trochu vlhká.

b) Přeneste směs do středu 11palcové dortové formy s odnímatelným dnem. Směs rozprostřete po celém povrchu tak, aby bylo dno pánve zakryté. Pomocí základny kulaté sklenice nebo odměrky přitlačte grahamovou směs na pánev, propracujte ji do stran a pevně ji přitlačte. Směs by měla být pevně přitlačena, aby byla těsně přitlačena k povrchu a stěnám formy na koláč. Pečte kůru při 350 F po dobu deseti minut, nebo dokud kůra neztuhne.

UDĚLEJTE NÁPLŇ
c) Smíchejte cukr a kukuřičný škrob ve střední pánvi. Přidejte kondenzované mléko a zakysanou smetanu a vše míchejte, dokud nebude směs hladká. Umístěte pánev na střední teplotu. Směs za stálého míchání vaříme do zhoustnutí téměř roztíratelné konzistence. Vypněte teplo.

d) V malé misce lehce prošlehejte žloutky. Asi 1 hrnek horké směsi přidáme ke žloutkům a ihned zamícháme. Tuto směs vraťte do pánve. Směs znovu vařte na středním plameni, tentokrát jen asi 5 minut, za stálého míchání, dokud nezhoustne. Když ji necháte spadnout ze lžičky, měla by směs spadnout zpět v kouscích. Vypněte teplo a nechte směs mírně vychladnout.

e) Krém rozdělte na dvě stejné části. K jedné porci přimíchejte 2 čajové lžičky ube extraktu, dokud nebude barva jednotná. Na jednu stranu koláčové kůrky nalijte obyčejný pudink a poté na druhou polovinu nalijte pudink ube.

f) Alternativně můžete pudink přidávat střídavě do kůrky, abyste vytvořili mramorový efekt. Použijte dva kusy čistých párátek k kroužení směsi kolem dokola, abyste dosáhli tohoto krouživého efektu.

g) Před podáváním necháme koláč alespoň dvě hodiny vychladit v lednici.

22. Malasadas Ube

SLOŽENÍ:
- 1 unce droždí
- 1 1/2 libry univerzální mouky
- 2 unce ube bramborové mouky
- 3 1/2 unce krystalového cukru
- ¾ lžičky soli
- 2 unce nesoleného másla
- 1 šálek odpařeného mléka
- 6 vajec
- ½ lžičky vanilkové pasty
- 2 lžíce koncentrátu ube

INSTRUKCE:
a) Smíchejte droždí s cukrem a vodou a nechte pět minut kvést.
b) Pomocí lopatkového nástavce přidejte všechny mokré ingredience a vmíchejte do suché směsi.
c) Jakmile je těsto hladké a bez hrudek, uložte do nádoby přes noc odpočinout.
d) Až budete připraveni, lehce vyfoukněte.
e) Pomocí naběračky zmrzliny opatrně kápněte kopečky těsta do horkého oleje na smažení při 365 stupních F.
f) Jakmile malasadas vyjdou z fritézy, obalte v cukru.

23. Lepkavý rýžový dort Ube Macapuno

SLOŽENÍ:
- 2 šálky lepkavé rýžové mouky
- 1 plechovka kondenzovaného mléka
- 1 plechovka odpařeného mléka
- 400 ml kokosového mléka
- 4 velká vejce
- 340 g macapuna
- 5 lžic rozpuštěného másla
- 1 lžíce ube příchutě
- máslo navíc, na potírání

INSTRUKCE:
a) Ve velké míse smíchejte vejce, kondenzované mléko a rozpuštěné máslo. Promíchejte, aby se spojily.
b) Přidejte odpařené mléko, kokosové mléko a příchuť ube. Dobře promíchejte, dokud se nespojí.
c) Přidejte macapuno. Stačí smíchat, aby se spojily.
d) Poté přidejte mouku z lepkavé rýže. Míchejte, dokud se dobře nezapracuje.
e) Šlehejte, dokud nebudou vidět žádné hrudky.
f) Směs nalijte do zapékací misky 8 x 8 palců.
g) Pečeme v předehřáté troubě na 180C 30-40 minut.
h) Vyjměte z trouby.
i) Vršek potřeme rozpuštěným máslem.
j) Pečeme opět na 170 C po dobu 20 minut.

24. Ube Custard Mamon

SLOŽENÍ:
PUDINK
- 2 lžičky cukru
- 4 ks velkých vajec
- 1 šálek kondenzovaného mléka
- ¾ šálku odpařeného mléka
- 1 lžička vanilkového extraktu

UBE MAMON
- 4 žloutky
- ¼ šálku rostlinného oleje
- ¾ šálku mléka
- 1 ½ šálku mouky na koláč
- 2 lžičky prášku do pečiva
- ¼ lžičky soli
- ½ šálku bílého cukru
- 1 lžíce ube příchuť
- 4 bílky
- ½ lžičky tatarského krému
- ¼ šálku bílého cukru

INSTRUKCE:
a) Do formičky na mamon dejte 2 lžičky cukru. Karamelizovaný cukr na mírném ohni. Poté odložte stranou.
b) Na pudink: V misce smíchejte vejce, kondenzované mléko, odpařené mléko a vanilkový extrakt. Míchejte, dokud se dobře nespojí. Směs sceďte 3x.
c) Do každé formy naplňte asi 1/4 šálku pudinkové směsi. Dát stranou.
d) Na mamon: V míse prosejeme mouku na koláč, prášek do pečiva a sůl. Dobře promíchejte. Dát stranou. V jiné míse smíchejte žloutky a cukr. Šlehejte do světlé barvy. Přidejte olej, mléko a příchuť ube. Míchejte, dokud se nespojí. Smíchejte mokrou a suchou směs. Míchejte, dokud se dobře nespojí. Nepřemixujte!
e) Bílky ušlehejte do pěny. Přidáme tatarskou smetanu. Postupně přidávejte cukr. Šlehejte na vysokou rychlost do tuha. Pusinky vložíme do těsta. Naplňte asi 2/3 šálku těsta do každé formy. Klepnutím odstraníte bubliny.
f) Nalijte vroucí vodu do pánve. Dost na dosažení úrovně pudinku. Pečte v předehřáté troubě na 160 C ve vodní lázni asi 40 minut, nebo dokud nebude párátko zapíchnuté do středu čisté. Dejte stranou vychladnout. Dejte na několik hodin do lednice, dokud pudink neztuhne. Podávejte vychlazené.

25. Ube A Kávové Brownies

SLOŽENÍ:
- 1/3 šálku čerstvě uvařené horké kávy
- 1 unce neslazené čokolády, nasekané
- ¼ šálku řepkového oleje
- ⅔ šálek ube pyré
- 2 lžičky čistého vanilkového extraktu

INSTRUKCE:
a) Předehřejte troubu na 350 stupňů Fahrenheita.
b) V misce smíchejte kávu a 1 unci čokolády a nechte 1 minutu stranou.
c) V míse smíchejte olej, ube pyré, vanilkový extrakt, cukr, kakaový prášek a sůl. Míchejte, dokud se vše dobře nespojí.
d) Smíchejte mouku a prášek do pečiva v samostatné misce. Přidejte čokoládové lupínky a dobře promíchejte.
e) Stěrkou jemně vmíchejte suché ingredience do mokrých, dokud se všechny ingredience nespojí.
f) Těsto nalijte do zapékací mísy a pečte 30–35 minut, nebo dokud nebude párátko zapíchnuté do středu čisté.
g) Nechte úplně vychladnout.

26.Ube Crepes

SLOŽENÍ:
- 2 hrnky univerzální mouky
- 1 hrnek rýžové mouky
- ½ šálku Ube
- 2 lžičky hrubé soli
- 3 bílky
- 2 šálky vody
- 2 šálky Konzervované neslazené kokosové mléko
- 1 střední hlávka červeného nebo zeleného listového salátu
- Zeleninová náplň
- Arašídová omáčka

INSTRUKCE:
a) Suché ingredience smícháme v míse a uprostřed uděláme důlek.
b) Po troškách přidejte bílky, vodu a kokosové mléko a metličkou je vmíchejte do suchých surovin.
c) Těsto by mělo mít konzistenci husté smetany. Pokud je příliš hustá, rozvolněte ji vodou.
d) Nechte v lednici vychladit alespoň 1 hodinu.
e) Zahřejte 8palcovou nepřilnavou pánev na středně nízkou teplotu. Mezitím vyjměte těsto z lednice a prošlehejte, aby se odstranily hrudky, nebo v případě potřeby přidejte vodu do zřídnutí.
f) Přidejte asi 1½ unce těsta do pánve. Otočte pánví tak, aby těsto pokrylo celý povrch. Když se hrudka zdá suchá, otočte ji pomocí gumové stěrky a dávejte pozor, aby nezhnědla.
g) Vyjměte z pánve a dejte stranou.
h) Položte ube krep na talíř plochou stranou nahoru. Uspořádejte 2 překrývající se listy salátu tak, aby na jedné straně přesahovaly přes okraj.
i) Na hlávkový salát dejte ¼ šálku teplé zeleninové náplně a srolujte. Umístěte hrudky švem dolů na talíř.
j) Zalijte arašídovou omáčkou. Ihned podávejte.

27. Ube Halaya v prášku

SLOŽENÍ:

- 2 šálky uvařeného a rozmačkaného fialového jamu (ube)
- 1 plechovka (14 uncí) kondenzovaného mléka
- 1 plechovka (12 uncí) odpařeného mléka
- 1/2 šálku cukru
- 1/4 šálku másla

INSTRUKCE:

a) Ve velké nepřilnavé pánvi smíchejte rozmačkaný fialový yam, kondenzované mléko, odpařené mléko a cukr.
b) Směs vařte na středním plameni za stálého míchání, dokud nezhoustne a neodlepí se od stěn pánve.
c) Přidejte máslo a za stálého míchání pokračujte ve vaření, dokud směs nebude velmi hustá a téměř suchá.
d) Plech sušičky vyložte pečicím papírem.
e) Uvařenou směs ube halaya přeneste na vyložený plech a rovnoměrně ji rozetřete, abyste vytvořili tenkou vrstvu.
f) Nastavte sušičku na vhodnou teplotu pro ovoce nebo zeleninu, obvykle kolem 135 °F (57 °C).
g) Dehydratujte ube halaya po dobu 12-24 hodin, nebo dokud není úplně suchá a křehká. Doba se může lišit v závislosti na vaší sušičce a tloušťce vrstvy.
h) Jakmile je ube halaya zcela dehydratovaná, vyjměte ji ze sušičky a nechte ji zcela vychladnout.
i) Dehydrovanou ube halaya nalámejte na menší kousky a přendejte je do mixéru nebo kuchyňského robotu.
j) Pulsujte kousky, dokud nejsou rozemlety na jemný prášek. Možná to budete muset udělat v dávkách v závislosti na velikosti vašeho mixéru nebo kuchyňského robotu.

28. Mléčný chléb Ube

SLOŽENÍ:
STARTÉR:
- ⅓ šálku univerzální mouky nebo chlebové mouky
- ½ šálku plnotučného mléka
- ½ šálku vody

TĚSTO:
- 2 ½ hrnku chlebové mouky
- ¼ šálku krystalového cukru
- 2 ¼ lžičky suchého aktivního droždí
- 1 polévková lžíce sušeného mléka
- 1 lžička košer soli
- 1 velké vejce, rozšlehané
- ½ šálku plnotučného mléka
- ¼ šálku nesoleného másla, změkčeného

UBE DOUGH:
- 2 hrnky chlebové mouky
- 4 uncové balení ube prášku
- ⅓ šálku krystalového cukru
- 2 ¼ lžičky suchého aktivního droždí
- 2 polévkové lžíce sušeného mléka
- 1 lžička košer soli
- 1 velké vejce, rozšlehané
- ½ šálku + 2 polévkové lžíce plnotučného mléka
- 1 ½ lžičky ube extraktu
- ¼ šálku nesoleného másla, změkčeného

INSTRUKCE:
STARTÉR:

a) Ve středním hrnci smíchejte mouku, mléko a vodu. Nastavte na střední teplotu. Často míchejte, dávejte pozor na spodní okraje hrnce. Vařte asi 5 minut, dokud směs nezhoustne na konzistenci bramborové kaše.

b) Sundejte z ohně a přendejte do misky. Zakryjte plastovým obalem a nechte obal ležet přímo na startovací směsi. Nechte vychladnout na pokojovou teplotu.

TĚSTO:

c) V míse stojanového mixéru prošlehejte chlebovou mouku, cukr, droždí, sušené mléko a sůl. Připojte hnětací hák k mixéru. Přidejte polovinu vychladlé předkrmové směsi, vejce a mléko. Hněťte při nízké rychlosti po dobu 5 minut. Uzavřete mísu, abyste zajistili důkladné promíchání.

d) Přidejte změklé máslo a pokračujte v hnětení při nízké rychlosti po dobu 5 minut, dokud se máslo nezačlení do těsta. Zvyšte rychlost na střední a hněťte dalších 5 minut, dokud těsto nebude hladké a nebude se odlepovat od stěn mísy.

e) Těsto přendáme do lehce vymazané mísy. Zakryjte potravinářskou fólií a nechte 1 hodinu odpočívat, nebo dokud těsto nezdvojnásobí objem. Mezitím vypracujte ube těsto.

UBE DOUGH:

f) V míse stojanového mixéru prošlehejte chlebovou mouku, ube prášek, cukr, droždí, sušené mléko a sůl. Připojte hnětací hák k mixéru. Přidejte ½ šálku vychlazené startovací směsi, vejce, mléko a extrakt z ube. Hněťte při nízké rychlosti po dobu 5 minut. Uzavřete mísu, abyste zajistili důkladné promíchání.

g) Přidejte změklé máslo a pokračujte v hnětení při nízké rychlosti po dobu 5 minut, dokud se máslo nezačlení do těsta. Zvyšte rychlost na střední a hněťte dalších 5 minut, dokud těsto nebude hladké a nebude se odlepovat od stěn mísy.

h) Těsto přendáme do lehce vymazané mísy. Zakryjte potravinářskou fólií a nechte 1 hodinu odpočívat, nebo dokud těsto nezdvojnásobí objem.

SHROMÁŽDĚNÍ:

i) Vymažte dvě chlebové formy o rozměrech 9 x 4 nebo 9 x 5 palců nebo chlebové formy pullman. V případě potřeby vyložte chléb pečicím papírem, aby bylo možné chléb snadno vyjmout. Dát stranou.

j) Nejprve zpracujte krémově zbarvené těsto. Vykynuté těsto protlačte. Přeneste na lehce pomoučněnou pracovní plochu. Těsto rozdělte na 8 stejných dílů.

k) Každou část srolujte do koule. Při práci zakryjte těsto plastovou fólií, abyste zabránili vysychání těsta nebo tvorbě slupky.

l) Dále pracujte s ube těstem. Vykynuté těsto protlačte. Přeneste na lehce pomoučněnou pracovní plochu. Těsto rozdělte na 8 stejných dílů.
m) Každou část srolujte do koule. Při práci zakryjte těsto plastovou fólií, abyste zabránili vysychání těsta nebo tvorbě slupky.
n) Vezměte jednu kouli z těsta krémové barvy. Vyrovnejte nebo vyválejte těsto na délku asi 8 palců a 5 palců na šířku.
o) Opakujte válení a poté těsto položte na krémové těsto.
p) Začněte od kratšího konce a rozválejte těsto na špalek.
q) Vložte špalek stranou dolů do připravené ošatky. Postup opakujte, dokud nebude mít forma na pečení celkem čtyři polena. Formu na bochník zakryjte plastovou fólií a nechte 30–45 minut odpočívat při pokojové teplotě, dokud těsto nezdvojnásobí svůj objem. Mezitím si předehřejte troubu na 350 °F.
r) Tento postup opakujte se zbývajícími kuličkami těsta. Pokyny k přípravě mramorovaného těsta na ošatku pullman najdete v poznámkách.*
s) Odstraňte plastový obal. Vršek těsta lehce potřete hustým krémem. Pečte v předehřáté troubě po dobu 35-40 minut, dokud není vršek chleba dozlatova hnědý a vnitřní teplota chleba je alespoň 190 °F. Ujistěte se, že chléb v polovině pečení otáčíte, aby se uvařil rovnoměrně.
t) Nechte chléb vychladnout na pánvi po dobu 5 minut. Vyjměte chléb z formy a nechte vychladnout na pokojovou teplotu na mřížce. Po vychladnutí nakrájejte chléb pomocí zoubkovaného nože.

29. Ube Koblihy S Kokosovou Polevou

SLOŽENÍ:
PRO DONUT
- 1/4 šálku rostlinného oleje
- 1/2 šálku podmáslí
- 2 velká vejce
- 1/2 šálku cukru
- 1/2 lžičky soli
- 1 lžička prášku do pečiva
- 2 lžičky ube extraktu
- 1 hrnková mouka

NA NÁMRAZU
- 2 hrnky moučkového cukru
- 4 lžíce kokosového mléka
- 1 lžíce mléka
- 1/4-1/2 lžičky extraktu Ube
- 1/2 hrnku neslazeného strouhaného kokosu

INSTRUKCE:
a) Předehřejte troubu na 350 stupňů.
b) Postříkejte pánev na koblihy nepřilnavým sprejem.
c) Smíchejte dohromady olej, podmáslí, vejce, cukr, sůl, prášek do pečiva a extrakt z ube, dokud se nespojí.
d) Vmícháme mouku a mícháme do hladka. Těsto vlijeme do donutu asi do 3/4.
e) Pečte koblihy po dobu 15 minut.
f) Vyjměte z trouby, nechte 5 minut vychladnout a poté koblihy vyjměte z formy.
g) zatímco vychladnou, udělejte polevu smícháním moučkového cukru, mléka a extraktu z ube.
h) po vychladnutí ponořte každou koblihu do poloviny do polevy a položte na mřížku, aby uschla. V případě potřeby posypte kokosovými vločkami.

30. Ube Banana Crunch

SLOŽENÍ:
- 9 kusů zralého banánu saba
- 1 hrnek univerzální mouky
- ½ šálku kukuřičného škrobu
- ½ šálku cukru
- 1 lžíce ube příchutě
- 1 vejce
- ½ šálku pitné vody
- 2 šálky strouhanky
- stolní olej

POLEVA
- kondenzované mléko

INSTRUKCE:
a) Banán oloupeme a nakrájíme na čtyři části.
b) Na každou špejli položte čtyři plátky banánu. Dát stranou
c) V míse smíchejte vejce, cukr, mouku, kukuřičný škrob, vodu a příchuť ube.
d) Míchejte, dokud se dobře nezapracuje.
e) Banán obalíme těstem. Těsto necháme okapat.
f) Dredge se strouhankou.
g) Pokračujte v obalování všech banánů těstem.
h) Na pánvi rozehřejte olej. Smažte na středním plameni.
i) Banán obracejte podle potřeby nebo dozlatova.
j) Necháme okapat na papírové utěrce, aby se odstranil přebytečný olej.
k) Zalijte kondenzovaným mlékem.

31.Pečeme d Ube s pekanovými ořechy

SLOŽENÍ:

- 1 šálek vody
- 1 ube
- 1 lžíce čistého javorového sirupu
- 1 lžíce mandlového másla
- 1 lžíce nasekaných pekanových ořechů
- 2 lžíce borůvek, volitelné
- 1 lžička chia semínek
- 1 lžička kari p aste

INSTRUKCE:

a) Do instantního hrnce přidejte jeden šálek vody a napařovací rošt.
b) Uzavřete víko a umístěte ube na stojan a ujistěte se, že je vypouštěcí ventil ve správné poloze.
c) Instantní hrnec předehřejte ručně na vysoký tlak po dobu 15 minut.
d) Poté, co časovač zhasne, nechte tlak přirozeně klesnout po dobu 10 minut.
e) Chcete-li vypustit veškerý zbývající tlak, otočte vypouštěcím ventilem.
f) Jakmile plovákový ventil spadne, vyjměte trubici otevřením víka.
g) Když ube dostatečně vychladne, rozřízněte ho napůl a dužinu rozmačkejte vidličkou.
h) Navrch dejte pekanové ořechy, borůvky a chia semínka, poté zakápněte javorovým sirupem a mandlovým máslem.

NÁPLNĚ A NÁPLNĚ

32.Toastový kokosový tvaroh (latik)

SLOŽENÍ:
- 2 hrnky kokosové smetany nebo kokosového mléka
- Špetka soli (volitelně)

INSTRUKCE:
a) V hrnci zahřejte kokosovou smetanu na středním plameni.
b) Občas promícháme a dusíme, dokud se kokosové mléko nerozdělí na tvaroh a olej. Tento proces může trvat přibližně 20–30 minut.
c) Pokud chcete, přidejte špetku soli a pokračujte ve vaření, dokud tvaroh nezezlátne.
d) Jakmile jsou tvarohy opečené podle vašich představ, stáhněte je z plotny a nechte vychladnout.
e) Sýřeninu přecedíme, aby se oddělila od oleje.
f) Opečený kokosový tvaroh (Latik) použijte jako polevu pro různé dezerty, jako jsou rýžové koláčky, pudinky nebo zmrzlina.

33. Malina a chamoy Pichi-Pichi

SLOŽENÍ:
- 2 šálky strouhaného manioku (čerstvé nebo mražené, rozmražené)
- 1 hrnek cukru
- 1 šálek vody
- 1 šálek kokosového mléka
- Malinový sirup
- Chamoyová omáčka

INSTRUKCE:
a) V misce smíchejte nastrouhaný maniok, cukr, vodu a kokosové mléko. Dobře promíchejte, dokud se cukr nerozpustí a ingredience zcela nezapracují.
b) Směs nalijte do vymazané formy nebo formy.
c) Směs vařte v páře asi 30–40 minut nebo dokud neztuhne a neztuhne.
d) Po uvaření nechte pichi-pichi vychladnout, než krájíte na porce.
e) Před podáváním pokapejte pichi-pichi malinovým sirupem a chamoy omáčkou pro větší chuť.

34.Horchata Bibingka

SLOŽENÍ:
- 2 šálky lepkavé rýžové mouky
- 1 šálek kokosového mléka
- 1 šálek horchata (rýžové mléko)
- 1 hrnek cukru
- 1/4 šálku rozpuštěného másla
- 1 lžička prášku do pečiva
- 1/2 lžičky vanilkového extraktu
- Banánové listy (na vyložení pekáče)

INSTRUKCE:
a) Předehřejte troubu na 350 °F (175 °C). Zapékací mísu vymažeme tukem a vyložíme banánovými listy.
b) V míse smíchejte mouku z lepkavé rýže, kokosové mléko, horchatu, cukr, rozpuštěné máslo, prášek do pečiva a vanilkový extrakt. Mixujte do hladka.
c) Směs nalijte do připraveného pekáčku.
d) Pečte 30–40 minut, nebo dokud bibingka neztuhne a navrchu nezezlátne.
e) Podávejte teplé a vychutnejte si jedinečné spojení chutí!

35.Sušenky a krém Suman Moron

SLOŽENÍ:
- 2 šálky lepkavé rýžové mouky
- 1 šálek kokosového mléka
- 1/2 šálku kakaového prášku
- 1/2 šálku cukru
- Drcené čokoládové sušenky (jako Oreo), na náplň a polevu

INSTRUKCE:
a) V misce smíchejte mouku z lepkavé rýže, kokosové mléko, kakaový prášek a cukr, dokud se dobře nespojí.
b) Připravte si banánové listy tak, že je nakrájíte na obdélníkové kousky a lehce je potřete olejem, aby se neslepily.
c) Umístěte lžíci směsi do středu každého banánového listu.
d) Navrch směsi přidejte vrstvu rozdrcených čokoládových sušenek.
e) Srolujte banánový list tak, aby vytvořil válcový tvar, okraje utěsněte.
f) Susman moron vařte v páře asi 30–40 minut nebo dokud nebude uvařený.
g) Po uvaření vyjměte sumánské morony z pařáku a nechte je vychladnout.
h) Suman moron vybalte z banánových listů a obalte je v rozdrcených čokoládových sušenkách.
i) Podávejte a vychutnejte si sušenky a smetanový sumánský moron!

36.Speculoos Biko

SLOŽENÍ:
- 2 šálky lepkavé rýže
- 1 plechovka (14 uncí) kondenzovaného mléka
- 1 šálek kokosového mléka
- 1/2 šálku pomazánky speculoos (cookies máslo)
- 1/2 šálku hnědého cukru
- Drcené sušenky speculoos na polevu

INSTRUKCE:
a) Uvařte lepkavou rýži podle návodu na obalu.
b) V samostatném hrnci smíchejte kondenzované mléko, kokosové mléko, pomazánku speculoos a hnědý cukr. Vařte na středním plameni za stálého míchání, dokud se dobře nespojí a mírně zhoustne.
c) Přidejte uvařenou lepkavou rýži do mléčné směsi a míchejte, dokud se úplně nepokryje.
d) Směs přendáme do vymazané zapékací misky a povrch stěrkou srovnáme.
e) Pečte v předehřáté troubě na 350 °F (175 °C) po dobu 20–25 minut, nebo dokud není povrch zlatavě hnědý.
f) Vyjměte z trouby a nechte mírně vychladnout.
g) Před podáváním navrch posypte drcené sušenky speculoos.
h) Nakrájejte na čtverečky a podávejte jako lahodný dezert nebo svačinu.

37.Mramorovaný Tahini Palitaw

SLOŽENÍ:
- 2 šálky lepkavé rýžové mouky
- 1 šálek vody
- 1/4 šálku sezamových semínek
- 1/4 šálku tahini
- 1/4 šálku cukru
- strouhaný kokos (na obalování)

INSTRUKCE:
a) V míse smíchejte mouku z lepkavé rýže a vodu, dokud nevznikne hladké těsto.
b) Těsto rozdělte na dvě stejné části.
c) V jedné dávce vmíchejte sezamová semínka a tahini, dokud se dobře nespojí.
d) Každou porci vyválejte do malých kuliček a lehce je zploštěte, abyste vytvořili kotouče.
e) Přiveďte k varu hrnec s vodou a pak do vroucí vody vložte kolečka těsta.
f) Vařte, dokud kotouče nevyplavou na povrch, poté je vyjměte děrovanou lžící a slijte přebytečnou vodu.
g) Uvařené kolečka obalíme v cukru a strouhaném kokosu na obalení.
h) Mramorované tahini palitaw podávejte jako lahodnou svačinku nebo dezert.

38. Espasol Bites

SLOŽENÍ:

- 2 šálky lepkavé rýžové mouky
- 1 plechovka (14 uncí) kokosového mléka
- 1 hrnek cukru
- Opékané kokosové vločky (na obalování)

INSTRUKCE:

a) Na pánvi opečte lepkavou rýžovou mouku na středním plameni, dokud nebude lehce zlatavě hnědá a voňavá.
b) V samostatném hrnci smíchejte kokosové mléko a cukr. Vařte na středním plameni, dokud se cukr nerozpustí.
c) Do směsi s kokosovým mlékem postupně přidávejte opečenou lepkavou rýžovou mouku za stálého míchání, dokud nevznikne husté těsto.
d) Těsto sejmeme z plotny a necháme mírně vychladnout.
e) Z těsta vyválejte malé kuličky a poté je obalte v opražených kokosových vločkách.
f) Podávejte espasolové kousky jako lahodnou svačinku nebo dezert.

39. Mini dorty Salabundt

SLOŽENÍ:
- 2 hrnky univerzální mouky
- 1 hrnek cukru
- 1/2 šálku másla, změkčeného
- 1/2 šálku mléka
- 2 vejce
- 1 lžička prášku do pečiva
- 1/2 lžičky jedlé sody
- 1/4 lžičky soli
- 2 lžíce strouhaného zázvoru (nebo zázvorového prášku)
- 1/4 šálku medu (volitelně, na polevu)

INSTRUKCE:
a) Předehřejte troubu na 350 °F (175 °C). Vymažte tukem mini dortové formy.
b) V míse ušlehejte máslo a cukr, dokud nebude světlá a nadýchaná.
c) Přišlehejte vejce, jedno po druhém, dokud se dobře nespojí.
d) V samostatné misce prosejeme mouku, prášek do pečiva, jedlou sodu a sůl.
e) Postupně přidávejte suché ingredience k mokrým, střídavě s mlékem a míchejte, dokud se nespojí.
f) Vmíchejte nastrouhaný zázvor, dokud se těsto rovnoměrně nerozloží.
g) Těsto nalijte do připravených formiček na koláče, každou naplňte asi do 3/4.
h) Pečte 20–25 minut, nebo dokud párátko zapíchnuté do středu nevyjde čisté.
i) Dorty nechte několik minut vychladnout ve formách, než je přenesete na mřížku, aby úplně vychladly.
j) Volitelně: Vychladlé koláče pokapejte medem, abyste přidali sladkost a chuť.

40.Konfetové piano

SLOŽENÍ:

- 6 vajec, oddělených
- 3/4 šálku cukru
- 1 hrnek mouky na koláč
- 1 lžička prášku do pečiva
- 1/4 šálku sypání duhových konfet
- moučkový cukr (na posypání)

INSTRUKCE:

a) Předehřejte troubu na 350 °F (175 °C). Plech vymažeme tukem a vyložíme pečícím papírem.
b) Ve velké míse ušlehejte bílky, dokud se nevytvoří tuhé špičky. Postupně přidávejte cukr a šlehejte do lesku.
c) V samostatné misce vyšlehejte vaječné žloutky, dokud nebudou bledé a krémové.
d) Na rozšlehané žloutky prosijte mouku a prášek do pečiva a jemně promíchejte, dokud se nespojí.
e) Opatrně vmícháme vyšlehaný sníh z bílků, dokud nezůstanou žádné šmouhy.
f) Přidávejte duhové konfetové posypy, dokud nejsou rovnoměrně rozmístěny v těstě.
g) Těsto nalijeme na připravený plech a stěrkou rovnoměrně rozetřeme.
h) Pečte 10–12 minut nebo dokud koláč nezezlátne a při lehkém doteku nevyskočí.
i) Vyjměte koláč z trouby a nechte ho mírně vychladnout.
j) Vršek dortu popráším moučkovým cukrem a ještě teplý opatrně srolujeme s pečícím papírem.
k) Před krájením a podáváním nechte koláč zcela vychladnout.

41. Ananasové guavové košíčky vzhůru nohama

SLOŽENÍ:
- 1 plechovka (20 uncí) plátky ananasu, okapané
- 1/2 šálku hnědého cukru
- 1/4 šálku nesoleného másla
- Maraschino třešně (volitelné)
- 1 1/2 šálku univerzální mouky
- 1 lžička prášku do pečiva
- 1/4 lžičky soli
- 1/2 šálku nesoleného másla, změkčeného
- 3/4 šálku krystalového cukru
- 2 velká vejce
- 1 lžička vanilkového extraktu
- 1/2 šálku šťávy z guavy

INSTRUKCE:
a) Předehřejte troubu na 350 °F (175 °C). Formu na muffiny nebo vyložte vložkou na košíčky.
b) V hrnci rozpusťte na středním plameni 1/4 šálku másla. Přidejte hnědý cukr a míchejte, dokud se nerozpustí a nezhoustne.
c) Rozdělte směs hnědého cukru do košíčků na muffiny a na dno každého košíčku položte plátek ananasu. Pokud chcete, umístěte do středu každého plátku ananasu maraschino třešeň.
d) V míse smícháme mouku, prášek do pečiva a sůl.
e) V jiné míse ušlehejte 1/2 hrnku změkčeného másla a krystalového cukru, dokud nebudou světlé a nadýchané.
f) Přidávejte vejce jedno po druhém a po každém přidání dobře prošlehejte. Vmícháme vanilkový extrakt.
g) Postupně přidávejte suché ingredience k mokrým, střídavě se šťávou z guavy a míchejte, dokud se nespojí.
h) Těsto rovnoměrně rozdělte do košíčků na muffiny a přikryjte plátky ananasu.
i) Pečte 18–20 minut, nebo dokud párátko zapíchnuté do středu nevyjde čisté.
j) Nechte košíčky vychladnout ve formě na muffiny několik minut, než je vyklopte na servírovací talíř.
k) Ananasové košíčky z guavy podávejte teplé nebo při pokojové teplotě a vychutnejte si lahodné tropické chutě!

42.Ube Macapuno koláče z roztavené lávy

SLOŽENÍ:
- 1/2 šálku nesoleného másla
- 4 unce bílé čokolády, nasekané
- 2 velká vejce
- 2 velké žloutky
- 1/4 šálku krystalového cukru
- 1/4 lžičky soli
- 1/4 šálku univerzální mouky
- 1/2 šálku ube halaya (připravené podle výše uvedeného receptu)
- 1/2 šálku provázků nebo proužků macapuno

INSTRUKCE:
a) Předehřejte troubu na 425 °F (220 °C). Čtyři kráječe vymažte tukem a položte je na plech.
b) V misce vhodné do mikrovlnné trouby rozpusťte společně máslo a bílou čokoládu v krátkých dávkách a mezi jednotlivými dávkami míchejte, dokud nebudou hladké. Necháme mírně vychladnout.
c) V samostatné misce šlehejte vejce, žloutky, cukr a sůl, dokud nejsou bledé a husté.
d) Vmíchejte rozpuštěné máslo a směs bílé čokolády, dokud se dobře nespojí.
e) Přidávejte mouku, dokud se nespojí.
f) Polovinu těsta rovnoměrně rozdělte mezi připravené ramekiny.
g) Do středu každého ramekinu umístěte lžíci provázků ube halaya a macapuno a naplňte je zbývajícím těstem.
h) Pečte 12–14 minut, nebo dokud okraje neztuhnou, ale střed je stále měkký.
i) Vyjměte z trouby a nechte je minutu vychladnout.
j) Opatrně přejeďte nožem po okraji každého koláče, aby se uvolnil, a poté jej překlopte na servírovací talíře.
k) Okamžitě podávejte koláče z roztavené lávy ube macapuno a vychutnejte si lahodnou, stékající náplň!

43. Mamon plný marshmallow

SLOŽENÍ:
- 1/2 šálku mouky na koláč
- 1/2 šálku univerzální mouky
- 1 lžička prášku do pečiva
- 1/4 lžičky soli
- 1/2 šálku nesoleného másla, změkčeného
- 1/2 šálku krystalového cukru
- 4 velké žloutky
- 1/4 šálku mléka
- 1 lžička vanilkového extraktu
- Marshmallows, nakrájené na malé kousky

INSTRUKCE:
a) Předehřejte troubu na 350 °F (175 °C). Formičky na muffiny vymažte tukem a moukou nebo vyložte vložkou na košíčky.
b) V míse prosejeme mouku na koláč, univerzální mouku, prášek do pečiva a sůl.
c) V jiné míse ušlehejte máslo a cukr, dokud nebude světlá a nadýchaná.
d) Po jednom přidávejte žloutky a po každém přidání je dobře prošlehejte. Vmícháme vanilkový extrakt.
e) Do máslové směsi postupně přidávejte suché ingredience střídavě s mlékem a míchejte do hladka.
f) Každou formu na muffiny naplňte do poloviny těstem.
g) Do středu každého košíčku na muffiny položte kousek marshmallow a zakryjte dalším těstem, dokud nebudou košíčky asi do 3/4 plné.
h) Pečte 15–18 minut, nebo dokud nebudou zlatavě hnědé a párátko zapíchnuté do středu nevyjde čisté.
i) Nechte mamon plněný marshmallow vychladnout ve formě na muffiny několik minut, než je přendejte na mřížku, aby úplně vychladly.
j) Podávejte mamon plněný marshmallow jako lahodnou svačinu nebo dezert a vychutnejte si překvapení v centru marshmallow s každým soustem!

44. Yema Buckeyes

SLOŽENÍ:
- 1 šálek krémového arašídového másla
- 1/2 šálku moučkového cukru
- 1/4 šálku nesoleného másla, změkčeného
- 1 lžička vanilkového extraktu
- Špetka soli
- 1 šálek polosladkých čokoládových lupínků
- 1 lžíce zeleninového tuku

INSTRUKCE:
a) V míse smíchejte arašídové máslo, moučkový cukr, změklé máslo, vanilkový extrakt a sůl, dokud se dobře nespojí.
b) Ze směsi arašídového másla tvarujte malé kuličky a pokládejte je na plech vyložený pečicím papírem.
c) Kuličky z arašídového másla nechte asi 30 minut v lednici ztuhnout.
d) V misce vhodné do mikrovlnné trouby rozpusťte čokoládové lupínky a zeleninový tuk v krátkých dávkách a mezi jednotlivými dávkami míchejte, dokud nebudou hladké.
e) Pomocí párátka nebo vidličky ponořte každou vychlazenou kuličku arašídového másla do rozpuštěné čokolády a malou část nechte odkrytou, aby připomínala buckeye.
f) Namočené kuličky dejte zpět na plech vyložený pečicím papírem.
g) Jakmile jsou všechny kuličky ponořené, vraťte plech do lednice, aby čokoláda ztuhla.
h) Jakmile čokoláda ztuhne, vyjměte buckeyes z lednice a vychutnejte si je jako lahodnou pochoutku!

MANGO DEZERTY

45.Cheesecake s mangem a chilli

SLOŽENÍ:
- 1 1/2 šálku drobky z grahamového sušenky
- 1/4 šálku krystalového cukru
- 1/2 šálku nesoleného másla, rozpuštěného
- 16 uncí smetanového sýra, změkčeného
- 1/2 šálku moučkového cukru
- 1 lžička vanilkového extraktu
- 1 šálek husté smetany
- 1 šálek mangového pyré
- 1-2 lžičky chilli (podle chuti)
- Plátky manga a chilli vločky na ozdobu (volitelné)

INSTRUKCE:
a) Předehřejte troubu na 350 °F (175 °C). Vymažte 9palcovou pružinovou pánev.
b) V misce smíchejte drobky z grahamového kreru, krystalový cukr a rozpuštěné máslo, dokud se dobře nespojí. Směs natlačíme na dno připravené formy.
c) Kůru pečte 10 minut, poté vyjměte z trouby a nechte zcela vychladnout.
d) Ve velké míse ušlehejte smetanový sýr, dokud nebude hladký a krémový.
e) Přidejte moučkový cukr a vanilkový extrakt a šlehejte, dokud se dobře nespojí.
f) V samostatné misce ušlehejte hustou smetanu, dokud se nevytvoří tuhé špičky.
g) Šlehačku jemně vmíchejte do tvarohové směsi, dokud nebude hladká.
h) Směs rozdělte na polovinu. Do jedné poloviny vmícháme mangové pyré a do druhé chilli prášek.
i) Na vychladlou kůrku nalijte mangovou směs a rovnoměrně ji rozetřete.
j) Opatrně nalijte chilli směs na vrstvu manga a rovnoměrně ji rozetřete.
k) Cheesecake dejte do lednice alespoň na 4 hodiny nebo dokud neztuhne.
l) Jakmile ztuhne, před podáváním ozdobte plátky manga a případně chilli vločkami.

46. Čerstvé mango, med a kokos

SLOŽENÍ:
- 2 zralá manga, oloupaná a nakrájená na proužky
- 4 lžíce čistého medu
- 20 g sušeného kokosu, lehce opečeného do zlatova (nebo 4 lžičky kokosových vloček)
- ¼ lžičky mleté skořice

INSTRUKCE:
a) Umístěte mango na servírovací talíř a navrch pokapejte medem, poté posypte kokosem a skořicí.
b) Podávejte s vanilkovou zmrzlinou nebo lepkavou rýží.

47.Filipínský mangový lepkavý rýžový dezert

SLOŽENÍ:
- Lepkavá rýže: 1 a ½ šálku
- Šálky neslazeného kokosového mléka: 1 ⅓ šálku
- Granulovaný cukr: ½ šálku
- Sůl: ¼ lžičky
- Sezamová semínka: 1 polévková lžíce (lehce opražená)
- Velké mango: 1 (nakrájené na kostičky, oloupané a zbavené pecek)

INSTRUKCE:
a) Ve studené vodě namočte rýži na 30 minut.
b) Ve velkém hrnci smíchejte rýži a 2 šálky vody. Přikryté přiveďte k varu.
c) Snižte teplotu a vařte 15–20 minut, dokud se voda nezačne vařit.
d) Do jiného hrnce přidejte 1 šálek kokosového mléka a ¼ šálku cukru. Vařte, dokud se cukr nerozpustí.
e) Směs pomalu přidávejte na uvařenou rýži a nechte 30 minut odležet. Připravte si omáčku
f) Zbývající cukr a kokosové mléko vařte v malém hrnci na mírném ohni asi 10–15 minut.
g) Lepkavou rýži podávejte s mangem nakrájeným nebo nakrájeným na kostičky, pokapanou kokosovou omáčkou a navrchu posypaným sezamovými semínky.

48. Zmrzlinový koláč s mangem a chilli

SLOŽENÍ:
- 1 předem připravená koláčová kůra (nebo domácí)
- 2 šálky mangové zmrzliny
- 2 šálky chilli zmrzliny
- Plátky manga a chilli vločky na ozdobu (volitelné)

INSTRUKCE:
a) Předehřejte troubu na 375 °F (190 °C).
b) Pečte koláčovou kůru podle návodu na obalu nebo do zlatova. Necháme úplně vychladnout.
c) Jakmile koláč vychladne, rovnoměrně po dně rozetřete mangovou zmrzlinu.
d) Na vrstvu mangové zmrzliny rovnoměrně rozetřete chilli zmrzlinu.
e) Koláč zakryjte plastovou fólií a nechte zmrazit alespoň 4 hodiny nebo dokud neztuhne.
f) Po zmrznutí před podáváním ozdobte plátky manga a chilli vločkami, pokud chcete.

49.Kokosový tapiokový pudink s mang o

SLOŽENÍ:
- Kokosové mléko: 2 plechovky
- Tapiokové granule: ¼ šálku
- Neslazený kokos: ½ šálku (strouhaný)
- Med: 2 polévkové lžíce
- Čerstvé mango: 1 (oloupané a nakrájené)
- Kůra z limetky: 1

INSTRUKCE:
a) V hrnci zahřejte kokosové mléko na středním plameni, dokud se nerozvaří.
b) Přidejte tapioku a strouhaný kokos, vařte 15 minut za častého míchání.
c) Smíchejte med a vložte směs do lednice, aby ztuhla.
d) Na tapiokový pudink v miskách dejte kousky manga, kapku medu a limetkovou kůru. Bavte se!

50.Hvězda Ovoce V Mango-Pomerančové omáčce

SLOŽENÍ:
- Hvězdicové ovoce: 1 zralé (čerstvé, oříznuté, odstraněná semínka a nakrájené na plátky)
- Pomerančový džus: 1 šálek
- Mango: 1 zralé, čerstvé
- Hnědý cukr: ¼ šálku
- Kokosové mléko: 1 šálek
- Semínka granátového jablka/třešně: hrst, čerstvé

INSTRUKCE:
a) Plátky hvězdicového ovoce dejte do hrnce na hořák.
b) Do směsi přidejte pomerančovou šťávu. Zvyšte teplotu a neustále míchejte, dokud se šťáva nezačne vařit.
c) Snižte teplotu na minimum a nechte šťávu 10 minut vařit.
d) V mixéru rozmixujte mango na kaši. Míchejte, dokud není směs hladká a kašovitá.
e) Když je hvězdicové ovoce téměř d1, přidejte cukr/sladidlo a promíchejte, aby se rozpustilo.
f) Odstraňte hrnec z plamene.
g) Míchejte v mangovém pyré, dokud se zcela nezapracuje. Cukr si upravte podle sebe.
h) Umístěte 3hvězdičkové plátky ovoce na jídlo s dostatečným množstvím omáčky, aby zcela pokrylo ovoce.
i) Navrch pokapejte trochou kokosového mléka.

51.Zmrzlinový dort s mangem a chilli

SLOŽENÍ:
- 1 předem připravený piškot nebo piškot
- 2 šálky mangové zmrzliny
- 2 šálky chilli zmrzliny
- Plátky manga a chilli vločky na ozdobu (volitelné)

INSTRUKCE:
a) Vyložte 9palcovou kulatou dortovou formu plastovou fólií, ponechte na bocích nějaký přesah.
b) Piškot rozkrojte vodorovně na dvě vrstvy.
c) Jednu vrstvu piškotu položte na dno připravené dortové formy.
d) Na vrstvu piškotů rovnoměrně rozetřeme mangovou zmrzlinu.
e) Na mangovou zmrzlinu položte druhou vrstvu piškotů.
f) Na druhou vrstvu piškotů rovnoměrně rozetřeme chilli zmrzlinu.
g) Zakryjte dortovou formu plastovou fólií a nechte zmrazit alespoň 4 hodiny nebo dokud neztuhne.
h) Po zmrznutí vyjměte dort z formy zvednutím plastového obalu.
i) Před podáváním podle potřeby ozdobte plátky manga a chilli vločkami.

52.Mango plovák

SLOŽENÍ:
- 4 zralá manga, oloupaná a nakrájená na plátky
- 1 plechovka (14 uncí) slazeného kondenzovaného mléka
- 1 balení (200 g) grahamových sušenek
- 1 balení (250 ml) univerzální smetany nebo šlehačky

INSTRUKCE:
a) V misce smíchejte slazené kondenzované mléko a univerzální smetanu nebo šlehačku. Míchejte, dokud se dobře nespojí.
b) Do obdélníkové zapékací mísy naskládejte na dno vrstvu grahamových sušenek.
c) Vrstvu směsi mléka a smetany rozetřete na grahamové sušenky.
d) Přidejte vrstvu nakrájeného manga na směs mléka a smetany.
e) Vrstvy opakujte, dokud nespotřebujete všechny ingredience, zakončete vrstvou směsi mléka a smetany nahoře.
f) Nechte mango float v lednici přes noc nebo alespoň 4 hodiny, aby ztuhlo.
g) Podávejte vychlazené a vychutnejte si krémově ovocný dezert.

BANÁNOVÉ DEZERTY

53.Filipínský dušený banánový dort

SLOŽENÍ:
- Kokos ve vločkách: 1 balení
- Sůl: ¼ lžičky
- Rýžová mouka: ½ šálku
- Tapioková mouka: ¾ šálku
- Škrob z šípků: ½ polévkové lžíce
- Neslazený kokosový krém: 1 šálek
- Bílý cukr: ½ šálku
- Zralé banány: 1 libra (rozmačkané)
- Kokosové mléko: ½ šálku

INSTRUKCE:
a) V šálku smíchejte kokos a ¼ lžičky soli; dát stranou.
b) Ve velké míse prosejeme rýžovou mouku, marantový škrob a tapiokovou mouku.
c) Vmícháme kokosovou smetanu a mícháme alespoň 10 minut.
d) Poté přidejte cukr a míchejte, dokud se nerozpustí.
e) Důkladně vmícháme rozmačkaný banán.
f) Důkladně vmíchejte kokosové mléko a ⅛ lžičky soli.
g) Těstem naplňte pečicí formu (čtverec) nebo alobalové košíčky. Ozdobte odloženým kokosem.
h) Přiveďte asi 1-½ palce vody k varu v parním hrnci s velkým košem; dort napařte 20 až 25 minut nad vroucí vodou, dokud nebude provařený.

54. Banánové koule

SLOŽENÍ:
- 1 kg zralých banánů, oloupaných
- 4 lžíce bílého cukru
- 140 g hladké mouky
- 70 g samokypřicí mouky
- ½ lžičky jemné mořské soli
- 700 ml rostlinného oleje

INSTRUKCE:
a) Banány rozmačkejte v míse do hladka a na kaši, poté přidejte cukr, obě mouky a sůl spolu se 2 lžícemi vody. Dobře promíchejte.
b) V hluboké pánvi rozehřejte olej na středním plameni. Chcete-li zkontrolovat, zda je dostatečně horká, přidejte půl lžičky směsi a pokud vidíte, že olej probublává, je hotová. Pokud máte teploměr, měl by být mezi 180 a 200 °C.
c) Do rozpáleného oleje jemně vhazujte malé kuličky směsi. Každý by se měl rozšířit na velikost golfového míčku.
d) Kuličky smažte 3–4 minuty, dokud se barva nezmění na sytě tmavě hnědou. Vyjměte děrovanou lžící a položte na kuchyňský papír, aby se odstranil přebytečný olej.
e) Pokud máte rádi, podávejte s vanilkovou zmrzlinou.

55. Filipínský banán-liči dezert v kokosovém mléce

SLOŽENÍ:
- Zralé banány: 2 malé
- Kokosové mléko: 1 plechovka (běžné nebo světlé)
- Hnědý cukr: ¼-⅓ šálku
- Špetka soli: 1 špetka
- Liči: osm desítek (čerstvé nebo konzervované)

INSTRUKCE:
a) Banány oloupeme a nakrájíme na 2-palcové plátky.
b) V hrnci zahřejte na středním plameni kokosové mléko.
c) Vmíchejte cukr a sůl, dokud se úplně nerozpustí.
d) Přidejte ¼ šálku cukru. Dejte trochu víc, pokud máte rádi sladší.
e) Přidejte banány a liči. Míchejte, dokud se banány a liči důkladně neprohřejí (1 až 2 minuty).
f) Podávejte studené nebo teplé.

56. Filipínské Banány V Kokosovém Mléku

SLOŽENÍ:
- Banány: 2 (oloupané, silné kolečka)
- Kokosové mléko: 180 ml
- 1½ lžičky bílých sezamových semínek
- Bílý cukr: 90 g
- Voda: 120 ml
- Sůl: ½ lžičky

INSTRUKCE:
a) Smíchejte cukr a vodu v hrnci na středním plameni, dokud se cukr nerozpustí.
b) Po přidání nakrájených banánů vařte 10 minut.
c) Vyndejte banány z hrnce.
d) Do stejné pánve přidejte kokosové mléko, sezamová semínka a ½ lžičky soli.
e) Přiveďte k varu a poté vypněte oheň.
f) Banány pokapejte omáčkou z kokosového mléka a posypte bílým sezamem. Ihned podávejte.

57. Sladké brambory a banány v kokosovém mléce

SLOŽENÍ:
- 200 g sladkých brambor, oloupaných a nakrájených na 2 cm kostky
- 800 ml kokosového mléka
- 100 g bílého cukru
- ½ lžičky soli
- 6 banánů, oloupaných a nakrájených šikmo na 2 cm plátky

INSTRUKCE:

a) V hrnci uvařte brambory s 500 ml vody po dobu 8 minut, poté slijte a odstavte. Pánev opláchněte a osušte kuchyňským papírem.

b) Do pánve přidejte kokosové mléko, cukr a sůl a na středním plameni přiveďte k varu. Snižte teplotu na minimum, přidejte brambory a plátky banánu a vařte 2–3 minuty.

c) Vypněte teplo a podávejte.

58.Banánové jarní závitky

SLOŽENÍ:
- 2 velké banány:
- Obaly na jarní závitky
- 1 šálek hnědého cukru
- Olej na hluboké smažení

INSTRUKCE:
a) Předehřejte olej v hluboké fritéze.
b) Banány je třeba oloupat a nakrájet na ½ podélně.
c) Umístěte 1 plátek banánu šikmo kolem rohu obalu na jarní závitky a podle chuti posypte hnědým cukrem.
d) Pokračujte v rolování od rohu ke středu a přehýbejte horní a spodní rohy. Poslední okraj přetřete prstem namočeným ve vodě, aby se utěsnil. Opakujte se zbytkem banánových plátků.
e) Smažte několik banánových závitků najednou, dokud nejsou rovnoměrně opečené v horkém oleji. Podávejte teplé nebo vychlazené.

RÝŽOVÉ DEZERTY

59. Dušená rýže a kokosový dort

SLOŽENÍ:

- 8 kusů banánového listu (nebo alobalu), 10 × 30 cm
- ½ lžičky jemné mořské soli
- 200 g rýžové mouky
- 100 g sušeného kokosu
- 50 g melasového cukru

INSTRUKCE:

a) Očistěte banánové listy, pokud je používáte, pak je změkčte tak, že je na několik sekund položíte na mírný plamen nebo nad páru z konvice.

b) Sůl dejte do velké mísy se 150 ml vlažné vody a důkladně promíchejte. Po kouscích přidávejte rýžovou mouku a vytvořte těsto. Těsto protlačte otvory v sítu se středními otvory, abyste vytvořili strukturu podobnou strouhance. Do směsi přidejte sušený kokos a dobře promíchejte.

c) Nastavte parní hrnec nebo vložte stojan do woku nebo hluboké pánve s poklicí. Zalijte 5 cm vody a na silném ohni přiveďte k varu.

d) Formu na banánový list vytvoříte tak, že list (nebo hliníkovou fólii) srolujete do tvaru válce o průměru asi 4 cm. Kolem formy uvažte provázek, abyste ji zajistili. Formu naplňte do poloviny kokosovou směsí, pak uprostřed vytvořte důlek a přidejte 1 lžičku cukru. Nyní naplňte druhou polovinu formy a směs vtlačte jemně, ne příliš silně, jinak bude příliš kompaktní. Směs absorbuje vlhkost z páry.

e) Opakujte se zbytkem banánových listů a zbývající směsí. Závitky vložte do pařáku a vařte v páře 10 minut.

f) Vyjměte formičky z banánových listů a ihned podávejte.

60. Rýžový nákyp s tmavým sirupem z kokosového cukru

SLOŽENÍ:
- 100 g krátkozrnné pudinkové rýže
- 50 g tmavého kokosového cukru
- 100 g melasového cukru
- 1 list pandana, svázaný na uzel (volitelně)
- 600 ml kokosového mléka
- ½ lžičky jemné mořské soli

INSTRUKCE:
a) Rýži dejte do velkého hrnce a zalijte vodou. Přiveďte k varu, stáhněte plamen a vařte asi 20 minut, nebo dokud se všechna voda nevstřebá.

b) Do hrnce nalijte kokosové mléko a vařte dalších 15 minut, dokud se všechno mléko nevstřebá. Sundejte teplo.

c) Do malého kastrůlku dejte tmavý kokos, melasový cukr a pandanový uzel a přidejte 150 ml vody. Na středním plameni přiveďte k varu, poté snižte plamen a vařte 5 minut, aby se množství snížilo na polovinu.

d) Při podávání naberte rýžový nákyp do malých misek a přelijte cukrovým sirupem.

61. Filipínské dezertní rýžové poháry

SLOŽENÍ:

- Kokosové mléko: 1 ⅔ šálku
- Voda: 1 ⅓ šálku
- Krátkozrnná rýže: 1 a ½ šálku
- Cukr: 3 polévkové lžíce
- Sůl: 2 polévkové lžíce
- Filipínská manga: 2 (zralá)
- Bílá nektarinka: 3

INSTRUKCE:

a) Odstraňte silnou vrstvu kokosového mléka z formy a nechte ½ z něj.
b) Svařte tekuté kokosové mléko s vodou.
c) Vmíchejte krátkozrnnou rýži, sůl a cukr.
d) Vařte přikryté 25 minut na mírném ohni, nebo dokud rýže nezměkne.
e) Nyní přidejte kokosovou smetanu k rýži.
f) Z 5 půlek nektarinek vyjměte plátky, omyjte a rozpůlte. Zbývající ½ by měla být nakrájena na tenké klínky.
g) Z 1 manga nakrájejte 8 tenkých klínků. Oloupejte a nakrájejte zbývající mango.
h) Lepkavou rýži rozdělte do 4 velkých sklenic, poklaďte na kostičky nakrájeným ovocem a podávejte s klínky ovoce na boku.

62. Rýže & Kokos Sladká Palačinka

SLOŽENÍ:
- 150 g rýžové mouky
- 50 g hladké mouky
- 1 lžička sušeného droždí
- 6 lžic bílého cukru
- 200 ml kokosového mléka
- 2 lžíce rostlinného oleje nebo másla na mazání

INSTRUKCE:

a) Do mísy dáme rýži a hladkou mouku, kvásek, cukr a kokosové mléko a přidáme 200 ml vody. Šlehejte, dokud se těsto dobře nepromísí, poté jej přeceďte do jiné mísy, zakryjte potravinářskou fólií a nechte 1 hodinu stát.

b) Rozpalte pánev o průměru 20–25 cm a vymažte ji trochou oleje nebo másla. Z těsta odeberte 1 naběračku a jedním tahem nalijte na rozpálenou pánev. Jakmile těsto dopadne na pánev, vyklopte pánev, aby se roztekla a vytvořila tenkou vrstvu kolem okraje.

c) Mělo by to trvat jen 1 minutu, než se řídké těsto kolem okraje začne měnit na křupavou zlatohnědou. Přeložte a poté vyjměte z pánve. Opakujte se zbývajícím těstem. Podáváme nejlépe teplé.

63.Pandan pudink & lepkavá rýže vrstvená sladkost

SLOŽENÍ:
- 300 g lepkavé rýže namočené ve vodě na 4 hodiny
- 650 ml kokosového mléka
- 1 lžička jemné mořské soli
- 4 střední vejce
- 200 g bílého cukru
- ½ lžíce pandanového extraktu (viz výše nebo 2 lžičky vanilkového extraktu)
- 3 lžíce kukuřičné mouky
- 3 lžíce hladké mouky

INSTRUKCE:
a) Nastavte parní hrnec nebo vložte stojan do woku nebo hluboké pánve s poklicí. Zalijte 5 cm vody a na středním plameni přiveďte k varu.
b) Lepkavou rýži vložte do kulaté dortové formy o průměru 23 cm, vysoké asi 6 cm nebo vyšší, vložte do paráku a vařte v páře 30 minut. Nechte 5 minut odpočinout, poté přidejte 200 ml kokosového mléka a sůl a přitlačte dušenou rýži, aby byla zarovnaná. Znovu vařte v páře dalších 10 minut.
c) Na pudinkovou vrstvu šlehejte v míse vejce a cukr, dokud se cukr nerozpustí. Přidejte pandanový extrakt (nebo vanilkový extrakt, pokud pandan nesěženete) a zbývající kokosové mléko a dobře promíchejte. Prosejte mouku a šlehejte, dokud se dobře nespojí.
d) Směs nalijte na dušenou lepkavou rýži, uhlaďte vršek a vařte na středním plameni 1 hodinu, víko paráku nechte mírně otevřené, aby voda z páry nepadala na vrstvu pudinku.
e) Po uvaření zcela vychladněte, poté nakrájejte a podávejte.

OVOCNÉ SALÁTY

64.Buko salát

SLOŽENÍ:

- 2 šálky mladého kokosu (buko), strouhaného
- 1 plechovka (20 oz) ovocného koktejlu, scezená
- 1 šálek nata de coco (kokosový gel), scezený
- 1 šálek kaongu (plody cukrové palmy), scezený
- 1 šálek slazeného kondenzovaného mléka
- 1 šálek univerzální smetany nebo šlehačky
- 1 šálek mini marshmallows (volitelné)

INSTRUKCE:

a) Ve velké míse smíchejte strouhaný mladý kokos, ovocný koktejl, nata de coco a kaong.
b) Přidejte slazené kondenzované mléko a univerzální smetanu nebo šlehačku. Dobře promíchejte, dokud nebudou všechny ingredience obalené.
c) Pokud chcete, přidejte mini marshmallow a jemně je vmíchejte do salátu.
d) Před podáváním buko salát vychlaďte alespoň 1 hodinu v lednici.
e) Podávejte vychlazené jako osvěžující a krémový dezert.

65.Ovocný salát ve filipínském stylu

SLOŽENÍ:
- 1½ šálku těžké smetany
- 8 uncový balíček smetanového sýra
- Tři 14-uncové plechovky ovocného koktejlu, scezené
- 14-uncové plechovky kousků ananasu, okapané
- Liči z plechovky 14 uncí, scezené
- 1 šálek kokosu
- 8 uncový balíček sekaných mandlí
- 1½ šálku nakrájených jablek

INSTRUKCE:
a) Smíchejte hustou smetanu a smetanový sýr do hladké konzistence podobné omáčce. Smíchejte s ostatními ingrediencemi a dobře promíchejte, nechte přes noc chladit.
b) Liči lze vynechat, místo běžného ovocného koktejlu použijte koktejl z tropického ovoce a udělejte z něj čtyři plechovky.
c) Filipínci používají něco, co se nazývá Nestles Cream, ale není snadné to najít.

66. Tropický ovocný šalát

SLOŽENÍ:
- 1 polozralé mango, nakrájené na kostičky
- 200 g čerstvého ananasu nakrájeného na kostičky
- 10 liči
- 4 kiwi, nakrájené na čtvrtky
- Semínka z 1 granátového jablka
- 10 lístků máty
- ½ lžičky mleté skořice
- 1 badyán
- 500 ml šťávy z liči

INSTRUKCE:
a) Všechny ingredience dejte do velké mísy a pořádně je promíchejte, aby se důkladně promíchala skořice.
b) Před podáváním nechte 20 minut vychladit v lednici.

CHLÉB

67. Ensaymada

SLOŽENÍ:
- 4 hrnky univerzální mouky
- 1/2 šálku cukru
- 2 1/4 lžičky instantního droždí
- 1/2 šálku vody
- 4 velká vejce
- 1/2 šálku odpařeného mléka
- 1/2 šálku nesoleného másla, změkčeného
- Strouhaný sýr na polevu
- Cukr na posypání

INSTRUKCE:
a) V míse smíchejte mouku, cukr a instantní droždí.
b) K suchým ingrediencím přidejte vodu, vejce a odpařené mléko. Míchejte, dokud nevznikne těsto.
c) Přidejte změklé máslo a hněťte, dokud těsto nebude hladké a pružné.
d) Těsto přikryjeme a necháme na teplém místě kynout, dokud nezdvojnásobí svůj objem, asi 1-2 hodiny.
e) Těsto protlačíme a rozdělíme na porce.
f) Z každé porce vytvarujte váleček nebo kulatý tvar a položte je na plech vyložený pečicím papírem.
g) Vytvarované těsto necháme znovu kynout do nafouknutí, asi 30 minut.
h) Předehřejte troubu na 350 °F (175 °C).
i) Vršek každé ensaymady potřete rozpuštěným máslem a posypte strouhaným sýrem.
j) Pečte v předehřáté troubě 15-20 minut nebo do zlatova.
k) Vyjměte z trouby a nechte mírně vychladnout. Před podáváním poprášíme cukrem.

68.Pan de Coco

SLOŽENÍ:
NA TĚSTO:
- 4 hrnky univerzální mouky
- 1/2 šálku cukru
- 2 1/4 lžičky instantního droždí
- 1/2 šálku vody
- 1/2 šálku kokosového mléka
- 2 velká vejce
- 1/4 šálku nesoleného másla, změkčeného

K NÁPLNĚ:
- 1 šálek slazených kokosových vloček
- 1/2 šálku hnědého cukru

INSTRUKCE:
a) V míse smíchejte mouku, cukr a instantní droždí.
b) K suchým ingrediencím přidejte vodu, kokosové mléko a vejce. Míchejte, dokud nevznikne těsto.
c) Přidejte změklé máslo a hněťte, dokud těsto nebude hladké a pružné.
d) Těsto přikryjeme a necháme na teplém místě kynout, dokud nezdvojnásobí svůj objem, asi 1-2 hodiny.
e) Mezitím si připravíme náplň smícháním oslazených kokosových vloček a hnědého cukru.
f) Těsto protlačíme a rozdělíme na porce.
g) Každou část těsta zploštíme a doprostřed dáme lžíci náplně.
h) Náplň uzavřete sevřením okrajů těsta k sobě a poté tvarujte kuličky.
i) Naplněné kuličky pokládejte na plech vyložený pečicím papírem.
j) Vytvarované těsto necháme znovu kynout do nafouknutí, asi 30 minut.
k) Předehřejte troubu na 350 °F (175 °C).
l) Pečte v předehřáté troubě 15-20 minut nebo do zlatova.
m) Vyjměte z trouby a před podáváním nechte vychladnout.

69.Španělský chléb

SLOŽENÍ:
NA TĚSTO:
- 4 hrnky univerzální mouky
- 1/2 šálku cukru
- 2 1/4 lžičky instantního droždí
- 1/2 šálku vody
- 1/2 šálku odpařeného mléka
- 2 velká vejce
- 1/4 šálku nesoleného másla, změkčeného

K NÁPLNĚ:
- 1/2 šálku strouhanky
- 1/2 šálku cukru
- 1/4 šálku nesoleného másla, změkčeného

INSTRUKCE:
a) V míse smíchejte mouku, cukr a instantní droždí.
b) K suchým ingrediencím přidejte vodu, odpařené mléko a vejce. Míchejte, dokud nevznikne těsto.
c) Přidejte změklé máslo a hněťte, dokud těsto nebude hladké a pružné.
d) Těsto přikryjeme a necháme na teplém místě kynout, dokud nezdvojnásobí svůj objem, asi 1-2 hodiny.
e) Mezitím si připravte náplň smícháním strouhanky, cukru a změklého másla, dokud se dobře nespojí.
f) Těsto protlačíme a rozdělíme na porce.
g) Každou část těsta zploštíme a navrch potřeme lžící náplně.
h) Těsto vyválejte do polena a uvnitř vložte náplň.
i) Každé poleno nakrájejte na menší kousky a položte je na plech vyložený pečicím papírem.
j) Vytvarované těsto necháme znovu kynout do nafouknutí, asi 30 minut.
k) Předehřejte troubu na 350 °F (175 °C).
l) Pečte v předehřáté troubě 15-20 minut nebo do zlatova.
m) Vyjměte z trouby a před podáváním nechte mírně vychladnout.

70. Turon (Banana Lumpia)

SLOŽENÍ:
- 6 zralých banánů saba, oloupaných a nakrájených podélně
- Lumpia wrappers (jarní rolky)
- hnědý cukr
- Jackfruit strips (volitelné)
- Olej na smažení

INSTRUKCE:
a) Položte obal na hrudky na rovný povrch.
b) Na obal položte plátek banánu, posypte hnědým cukrem a v případě použití přidejte proužky jackfruitu.
c) Pevně srolujte lumpiový obal, přeložte ho po stranách, abyste uzavřeli náplň.
d) Okraj utěsněte trochou vody, aby se během smažení neotevřel.
e) Zahřejte olej na vaření na pánvi na středním ohni.
f) Smažte turon do zlatohnědé a křupavé.
g) Nechte okapat na papírových utěrkách, abyste odstranili přebytečný olej.
h) Podávejte teplé a vychutnejte si lahodnou kombinaci sladkých banánů a křupavého obalu.

71. Bicho-Bicho (kroucené koblihy)

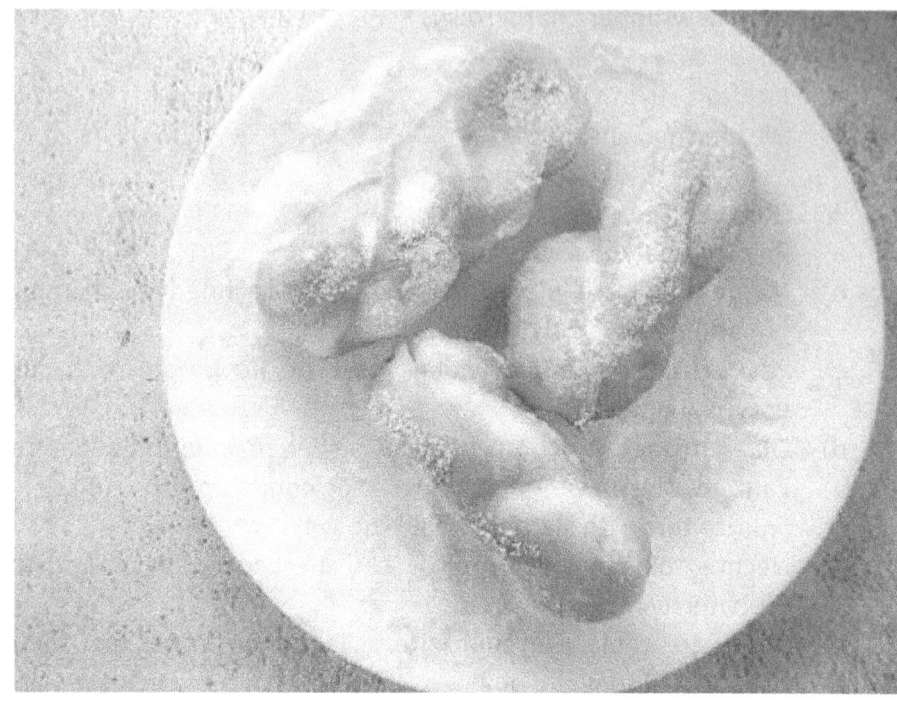

SLOŽENÍ:
- 4 hrnky univerzální mouky
- 1/2 šálku cukru
- 2 1/4 lžičky instantního droždí
- 1/2 šálku vody
- 1/2 šálku odpařeného mléka
- 2 velká vejce
- 1/4 šálku nesoleného másla, změkčeného
- Olej na smažení
- Moučkový cukr na posypání

INSTRUKCE:
a) V míse smíchejte mouku, cukr a instantní droždí.
b) K suchým ingrediencím přidejte vodu, odpařené mléko a vejce. Míchejte, dokud nevznikne těsto.
c) Přidejte změklé máslo a hněťte, dokud těsto nebude hladké a pružné.
d) Těsto přikryjeme a necháme na teplém místě kynout, dokud nezdvojnásobí svůj objem, asi 1-2 hodiny.
e) Těsto protlačíme a rozdělíme na porce.
f) Každou část těsta srolujte do provazu dlouhého asi 6 palců.
g) Otočte každé lano do spirálového tvaru a sevřete konce, aby se utěsnily.
h) Zahřejte olej na vaření v hluboké pánvi nebo fritéze na 350 °F (175 °C).
i) Smažte bicho-bicho po dávkách do zlatohnědé a provařené, asi 3-4 minuty na dávku.
j) Nechte okapat na papírových utěrkách, abyste odstranili přebytečný olej.
k) Před podáváním popráším moučkovým cukrem.
l) Užijte si tyto kroucené koblihy jako lahodnou svačinku nebo dezert.

72. Hopia

SLOŽENÍ:

- 2 hrnky univerzální mouky
- 1/2 šálku cukru
- 1/4 šálku rostlinného oleje
- 1/4 šálku vody
- 1/2 lžičky soli
- Možnosti náplně: sladká pasta z mungo fazolí, pasta z červených fazolí nebo slazený strouhaný kokos

INSTRUKCE:

a) V míse smíchejte mouku, cukr a sůl.
b) K suchým přísadám přidejte rostlinný olej a vodu. Míchejte, dokud nevznikne těsto.
c) Těsto hněteme na lehce pomoučené ploše, dokud nebude hladké a pružné.
d) Těsto rozdělte na porce a z každé vyválejte kouli.
e) Každou kouli těsta vyrovnejte do kruhu o průměru asi 4 palce.
f) Do středu každého kruhu těsta položte lžíci vámi zvolené náplně.
g) Okraje těsta přehneme přes náplň a sevřením uzavřeme.
h) Naplněné kuličky těsta pokládejte na plech vyložený pečicím papírem.
i) Potřete vršky rozmýváním vajec (volitelné).
j) Pečte v předehřáté troubě na 350 °F (175 °C) po dobu 20–25 minut nebo do zlatohnědé.
k) Před podáváním necháme vychladnout.

73. Filipínský banánový chléb Bibingka

SLOŽENÍ:
- Sprej na vaření
- 1 (14 x 12 palců) kousek banánového listu
- 1 ¼ šálku sladké rýžové mouky
- 1 ¼ šálku mouky z lepkavé rýže
- 2 ½ lžičky prášku do pečiva
- 1 lžička košer soli
- 1 šálek krystalového cukru
- 1 šálek velmi zralých rozmačkaných banánů
- ¾ šálku dobře protřepaného a rozmíchaného neslazeného kokosového mléka
- ½ šálku nesoleného másla (4 unce), rozpuštěného
- 1 lžička vanilkového extraktu
- 2 velká vejce, pokojové teploty

INSTRUKCE:
a) Předehřejte troubu na 350 °F. Formu na bochník 9 x 5 palců vymažte sprejem na vaření a dejte ji stranou.
b) Pomocí nůžek odřízněte z banánového listu pruh o rozměrech 12 x 4 palce, rovnoběžně se středovou žilkou listu. Zbývající část banánového listu nakrájejte na 3 (12 x 3 palce) proužky, které řežete rovnoběžně s žilkami listu.
c) Proužky banánových listů o šířce 3 palce položte křížem přes dno a boky formy na bochník, podle potřeby se překrývají, aby se dno úplně vyložilo. Ujistěte se, že konce listů přesahují přes strany o 1 až 2 palce. Zbývající pruh banánových listů položte podélně na dno formy na bochník a zčásti nahoru po kratších stranách. Pánev dejte stranou.
d) Ve střední míse smíchejte sladkou rýžovou mouku, mouku z lepkavé rýže, prášek do pečiva a sůl.
e) Ve velké míse prošlehejte krystalový cukr, rozmačkané banány, kokosové mléko, rozpuštěné máslo, vanilkový extrakt a vejce, dokud se dobře nespojí. Přidejte moučnou směs k cukrové směsi a šlehejte, dokud se zcela nespojí.
f) Těsto nalijte do připravené pánve a rovnoměrně jej rozetřete.

g) Pečte v předehřáté troubě, dokud banánový chléb nezezlátne a vršek po lehkém stlačení nevyskočí. Bude to trvat přibližně 1 hodinu a 10 minut až 1 hodinu a 20 minut. Během posledních 20 minut pečení chléb volně přikryjte alobalem, aby nezhnědl.
h) Nechte banánový chléb zcela vychladnout v pánvi na mřížce. Bude to trvat přibližně 2 hodiny a 30 minut až 3 hodiny.
i) Opatrně vyjměte bochník z formy pomocí banánových listů jako rukojetí.
j) Nakrájejte banánový chléb a podávejte ho na banánových listech pro autentický nádech.

MRAŽENÉ DOBRY

74. Pandanská zmrzlina

SLOŽENÍ:
- 1 litr extra husté dvojité smetany
- 500 ml plnotučného mléka
- ¼ lžičky jemné mořské soli
- 12 žloutků
- 300 g bílého moučkového cukru
- 1 polévková lžíce hustého pandanového extraktu
- Na polevu (volitelné)
- 150 g hladké čokolády (minimálně 50 % kakaa)
- 100 ml plnotučného mléka
- 60 g hotových solených nebo nesolených pražených arašídů, drcených

INSTRUKCE:
a) Smetanu, mléko a sůl dejte do hlubokého hrnce a na mírném ohni vařte do bodu varu.
b) V misce ušlehejte žloutky a moučkový cukr do zhoustnutí. Polovinu směsi smetany a mléka jemně nalijte na vejce a cukr za stálého šlehání a poté zašlehejte zbývající smetanu a mléko.
c) Celou směs přendejte zpět do hrnce a přidejte pandanový extrakt. Za stálého míchání přiveďte k varu, aby se nesrazilo. To by mělo trvat 3–4 minuty.
d) Pomocí jemného kovového sítka sceďte směs do mrazuvzdorné misky nebo mísy nebo do formy na bochník. Necháme 15 minut vychladnout a poté přendáme do mrazáku. Po 45 minutách ji vyjměte z mrazničky a vařte a pokračujte v tom každých 45 minut po dobu 2–3 hodin.
e) Chcete-li připravit čokoládovou polevu, nalámejte čokoládu na malé kousky a vložte je do žáruvzdorné mísy. Přidejte mléko a dejte nad kastrol s vroucí vodou, dokud se čokoláda nerozpustí a nespojí s mlékem. Necháme úplně vychladnout.
f) Pro podávání naberte zmrzlinu do misek, přelijte čokoládovou polevou a navrch posypte drcenými arašídy.

75. Filipínská mangová zmrzlina

SLOŽENÍ:
- Mango: 2 (čerstvé, zralé)
- Bílý cukr: 1 šálek
- Kokosové mléko: 3 polévkové lžíce
- Citronová šťáva: 1 lžička
- Smetana ke šlehání: 1 šálek

INSTRUKCE:
a) Mango oloupejte a nakrájejte.
b) Do kuchyňského robotu vložte ovoce – Blitz na 1 minutu s cukrem.
c) Kokosové mléko a citronovou šťávu na pár sekund promíchejte, aby se smíchaly.
d) Mangové pyré nalijte do misky.
e) Kuchyňský robot nebo mixér naplňte do poloviny smetanou ke šlehání. Smetanu šleháme, dokud se nevytvoří tuhé špičky nebo je velmi tuhá.
f) Mangové pyré promíchejte se šlehačkou po dobu 5 až 10 sekund, nebo dokud nedosáhnete silné mango-smetanové konzistence.
g) Směsí naplňte vanu na zmrzlinu a dejte zmrazit alespoň na 6-8 hodin.
h) Naberte do zmrzliny c1s nebo podávejte v miskách.

76.Zmrzlina S Chilli Karamelovou Omáčkou

SLOŽENÍ:
- Vanilková zmrzlina: 6 kopečků
- Čerstvé lístky máty/bazalky: ozdoba
- Arašídy nebo kešu: drcené nebo nasekané

KARAMELOVÁ OMÁČKA:
- Sladká filipínská chilli omáčka: 4 polévkové lžíce
- Javorový sirup: 4 polévkové lžíce
- Sůl: špetka
- Limetková šťáva: ½ polévkové lžíce

INSTRUKCE:
a) V hrnci smíchejte všechny ingredience omáčky.
b) Umístěte kastrol na střední teplotu a neustále míchejte po dobu 1 minuty.
c) Do každé servírovací misky dejte 2 až 3 kopečky vanilkové zmrzliny.
d) Nyní navrch nalijte teplou omáčku a rovnoměrně ji rozdělte.
e) Ihned podávejte a užívejte si.

77. Oholený ledový dezert

SLOŽENÍ:
- Sušená semínka bazalky: 1 polévková lžíce
- Drcený led: 1 šálek
- Krutony/hrubé kousky chleba: 10 gramů
- 3 lžíce kondenzovaného mléka

INSTRUKCE:
a) Sušená semínka bazalky namočte na 30 minut do ½ šálku teplé vody.
b) Do mísy naskládejte krutony, namočená semínka bazalky a led, abyste vytvořili dezert.
c) Nalijte požadované množství sirupu na led a zakápněte kondenzovaným mlékem.

78. Halo-Halo nanuky

SLOŽENÍ:
- 1 šálek kokosového mléka
- 1 šálek odpařeného mléka
- 1/2 šálku slazeného kondenzovaného mléka
- Různé halo-halo ingredience (vařené sladké fazole, kaong, nata de coco, gulaman, slazené ovoce atd.)
- Formičky na nanuky
- Nanukové tyčinky

INSTRUKCE:
a) V misce smíchejte kokosové mléko, odpařené mléko a slazené kondenzované mléko, dokud se dobře nespojí.
b) Rozdělte různé halo-halo ingredience do formiček na nanuky.
c) Nalijte mléčnou směs na ingredience halo-halo, každou formu naplňte téměř po vrch.
d) Do formiček vložte tyčinky od nanuků.
e) Zmrazte alespoň na 4 hodiny nebo do úplného zmrznutí.
f) Po zmrznutí vyjměte nanuky z forem a vychutnejte si tento osvěžující twist na klasickém filipínském dezertu.

79. Mango & kokosový sorbet

SLOŽENÍ:

- 2 zralá manga, oloupaná a nakrájená na kostičky
- 1 plechovka (13,5 oz) kokosového mléka
- 1/4 šálku cukru (upravte podle chuti)
- 1 lžíce limetkové šťávy
- Špetka soli

INSTRUKCE:

a) Vložte nakrájené mango do mixéru nebo kuchyňského robotu.
b) Do mixéru přidejte kokosové mléko, cukr, limetkovou šťávu a sůl.
c) Mixujte, dokud nebude hladká a dobře spojená.
d) Ochutnejte a v případě potřeby upravte sladkost přidáním dalšího cukru.
e) Nalijte směs do mělké misky nebo zmrzlinovače.
f) Pokud používáte nádobu, zakryjte ji plastovou fólií a zmrazte alespoň na 4 hodiny za občasného míchání, aby se rozbily případné ledové krystalky.
g) Pokud používáte výrobník zmrzliny, šlehejte podle pokynů výrobce.
h) Po zmrznutí naberte sorbet do misek nebo kornoutů a vychutnejte si tento tropický a osvěžující dezert.

80.Granita s ananasem a kokosem

SLOŽENÍ:
- 2 šálky kousky ananasu
- 1 plechovka (13,5 oz) kokosového mléka
- 1/4 šálku cukru (upravte podle chuti)
- 1 lžíce limetkové šťávy
- Špetka soli

INSTRUKCE:
a) Vložte kousky ananasu do mixéru nebo kuchyňského robotu.
b) Do mixéru přidejte kokosové mléko, cukr, limetkovou šťávu a sůl.
c) Mixujte, dokud nebude hladká a dobře spojená.
d) Ochutnejte a v případě potřeby upravte sladkost přidáním dalšího cukru.
e) Nalijte směs do mělké misky.
f) Umístěte misku do mrazáku a zmrazte asi 1 hodinu.
g) Po 1 hodině vidličkou oškrábejte zmrzlé okraje do středu.
h) Pokračujte ve škrábání každých 30 minut, dokud směs zcela nezmrzne a nebude mít texturu podobnou granitě.
i) Po zmrznutí naberte granitu do misek nebo sklenic a ihned podávejte jako lehký a osvěžující dezert.

81. Mango Kokosové Ice Pops

SLOŽENÍ:
- 2 zralá manga, oloupaná a nakrájená na kostičky
- 1 plechovka (13,5 oz) kokosového mléka
- 1/4 šálku medu nebo cukru (upravte podle chuti)
- 1 lžíce limetkové šťávy

INSTRUKCE:
a) Vložte nakrájené mango do mixéru nebo kuchyňského robotu.
b) Do mixéru přidejte kokosové mléko, med nebo cukr a limetkovou šťávu.
c) Mixujte, dokud nebude hladká a dobře spojená.
d) Ochutnejte a v případě potřeby upravte sladkost.
e) Směs nalijte do formiček na nanuky.
f) Do formiček vložte tyčinky od nanuků.
g) Zmrazte alespoň na 4 hodiny nebo do úplného zmrznutí.
h) Jakmile zmrznou, vyjměte nanuky z forem a vychutnejte si tuto tropickou mraženou pochoutku.

82. Avokádová zmrzlina

SLOŽENÍ:

- 2 zralá avokáda, oloupaná a vypeckovaná
- 1 plechovka (13,5 oz) kokosového mléka
- 1/4 šálku medu nebo cukru (upravte podle chuti)
- 1 lžíce limetkové šťávy

INSTRUKCE:

a) Dužinu avokáda vložte do mixéru nebo kuchyňského robotu.
b) Do mixéru přidejte kokosové mléko, med nebo cukr a limetkovou šťávu.
c) Mixujte, dokud nebude hladká a dobře spojená.
d) Ochutnejte a v případě potřeby upravte sladkost.
e) Nalijte směs do mělké misky nebo zmrzlinovače.
f) Pokud používáte nádobu, zakryjte ji plastovou fólií a zmrazte alespoň na 4 hodiny za občasného míchání, aby se rozbily případné ledové krystalky.
g) Pokud používáte výrobník zmrzliny, šlehejte podle pokynů výrobce.
h) Po zmrznutí naberte avokádovou zmrzlinu do misek nebo kornoutů a vychutnejte si tento krémový a osvěžující dezert.

TOFU DEZERTY

83.Taho

SLOŽENÍ:
- 1 balení (14 oz) hedvábného tofu
- 1/4 šálku hnědého cukru
- 1/4 šálku tapiokových perel (uvařených podle návodu na obalu)
- Sirup (volitelně): 1/2 šálku hnědého cukru, 1/2 šálku vody, 1 lžička vanilkového extraktu

INSTRUKCE:
a) Hedvábné tofu nakrájejte na malé kostičky a rozdělte je do servírovacích misek.
b) V malém hrnci smíchejte hnědý cukr a vodu na sirup. Zahřívejte na středním plameni, dokud se cukr nerozpustí. Sundejte z ohně a vmíchejte vanilkový extrakt.
c) Sirupem přelijeme kostky tofu.
d) Do každé misky přidejte uvařené tapiokové perly.
e) Podávejte teplé jako uklidňující a výživný dezert.

84. Tofu Leche Flan

SLOŽENÍ:

- 1 balení (14 oz) hedvábného tofu
- 1 plechovka (14 uncí) kondenzovaného mléka
- 1 plechovka (12 uncí) odpařeného mléka
- 6 žloutků
- 1/2 šálku cukru

INSTRUKCE:

a) Předehřejte troubu na 350 °F (175 °C).
b) Hedvábné tofu rozmixujte do hladka.
c) V míse smíchejte kondenzované mléko, odpařené mléko, žloutky a cukr, dokud se dobře nespojí.
d) Přidejte rozmixované tofu do mléčné směsi a šlehejte do hladka.
e) Směs nalijte do llanera (formy na placky) nebo zapékací misky.
f) Llanera nebo zapékací misku vložte do většího pekáče. Větší pánev naplňte horkou vodou do poloviny stran llanera nebo pekáče, abyste vytvořili vodní lázeň.
g) Pečte asi 45–50 minut, nebo dokud leche flan neztuhne.
h) Nechte vychladnout a poté dejte do lednice alespoň na 2 hodiny nebo přes noc.
i) Chcete-li podávat, obraťte llanera na talíř a nechte karamelovou omáčku přetékat přes flan.

85. Tofu Halo-Halo

SLOŽENÍ:
- 1 balení (14 oz) hedvábného tofu
- Různé halo-halo ingredience (vařené sladké fazole, kaong, nata de coco, gulaman, slazené ovoce atd.)
- Ledová drť
- Odpařené mléko
- Cukrový sirup (volitelné)

INSTRUKCE:
a) Hedvábné tofu nakrájejte na malé kostičky a rozdělte je do servírovacích misek.
b) Na tofu kostky položte různé halo-halo ingredience.
c) Navrch dejte strouhaný led.
d) Nastrouhaný led pokapejte odpařeným mlékem a cukrovým sirupem (pokud používáte).
e) Ihned podávejte a vychutnejte si tento osvěžující a barevný dezert.

86. Tofu Maja Blanca

SLOŽENÍ:

- 1 balení (14 oz) hedvábného tofu
- 1 plechovka (13,5 oz) kokosového mléka
- 1/2 šálku kukuřičného škrobu
- 1/2 šálku cukru
- 1/2 šálku vody
- 1/2 šálku kukuřičných zrn (volitelně)
- strouhaný kokos (na polevu)

INSTRUKCE:

a) Hedvábné tofu rozmixujte do hladka.
b) V hrnci smíchejte kokosové mléko, kukuřičný škrob, cukr a vodu. Míchejte, dokud se dobře nespojí.
c) Vařte na středním plameni za stálého míchání, dokud směs nezhoustne.
d) Ke směsi přidáme rozmixované tofu a mícháme do hladka.
e) Přidejte kukuřičná zrna (pokud používáte) a pokračujte ve vaření další 2-3 minuty.
f) Směs nalijeme do vymazané misky a necháme vychladnout a ztuhnout.
g) Po ztuhnutí nakrájejte na čtverečky a před podáváním posypte strouhaným kokosem.

87.Tofu Mango Sago

SLOŽENÍ:
- 1 balení (14 oz) hedvábného tofu
- 1 zralé mango, oloupané a nakrájené na kostičky
- 1/2 šálku malých tapiokových perliček (ságo), uvařených podle návodu na obalu
- 1 plechovka (14 uncí) kokosového mléka
- 1/4 šálku cukru (upravte podle chuti)
- Drcený led (volitelné)

INSTRUKCE:
a) Hedvábné tofu rozmixujte do hladka.
b) V hrnci zahřejte na středním plameni kokosové mléko. Přidejte cukr a míchejte, dokud se nerozpustí.
c) Přidejte rozmixované tofu do směsi kokosového mléka a míchejte, dokud se dobře nespojí.
d) Odstraňte z ohně a nechte vychladnout.
e) Do servírovacích misek dejte lžíci vařených tapiokových perel.
f) Přidejte na kostičky nakrájené mango na tapiokové perly.
g) Nalijte směs tofu a kokosového mléka na mango a tapiokové perly.
h) Podávejte vychlazené s drceným ledem, pokud chcete.

88.Tapiokový pudink Tofu Ube

SLOŽENÍ:
- 1 balení (14 oz) hedvábného tofu
- 1/2 šálku vařených tapiokových perel (ságo)
- 1/2 šálku rozmačkaného fialového yamu (ube)
- 1 plechovka (14 uncí) kokosového mléka
- 1/4 šálku cukru (upravte podle chuti)
- Extrakt z Ube (volitelný, pro barvu a chuť)
- strouhaný kokos (na polevu)

INSTRUKCE:
a) Hedvábné tofu rozmixujte do hladka.
b) V hrnci zahřejte na středním plameni kokosové mléko. Přidejte cukr a míchejte, dokud se nerozpustí.
c) Do směsi kokosového mléka přidejte rozmačkaný fialový jam a uvařené tapiokové perly. Míchejte, dokud se dobře nespojí.
d) Pokud chcete, přidejte několik kapek extraktu z ube pro extra barvu a chuť.
e) Rozmixované tofu vlijeme do směsi kokosového mléka a mícháme do hladka.
f) Odstraňte z ohně a nechte mírně vychladnout.
g) Pudink rozdělíme do servírovacích misek a navrch posypeme strouhaným kokosem.
h) Podávejte teplé nebo vychlazené, dle libosti.

89.Tofu Buko Pandan salát

SLOŽENÍ:
- 1 balení (14 oz) hedvábného tofu
- 1 plechovka (14 uncí) kokosového mléka
- 1/2 hrnku cukru (upravte podle chuti)
- 1 šálek mladého kokosu (buko), strouhaného
- 1 šálek želatiny s příchutí pandan, nakrájené na kostky
- 1 šálek tapiokových perel (vařené ságo)
- 1/2 šálku kaongu (plody cukrové palmy), scezené
- Nata de coco (volitelné)
- Slazené kondenzované mléko (na podlévání)

INSTRUKCE:
a) Silken tofu rozmixujte do hladka.
b) Ve velké míse smíchejte smíchané tofu, kokosové mléko a cukr, dokud se dobře nespojí.
c) Do směsi tofu a kokosového mléka přidejte strouhaný mladý kokos, kostky želatiny s příchutí pandanu, uvařené tapiokové perly, kaong a nata de coco (pokud používáte). Jemně promíchejte, aby se spojily.
d) Salát před podáváním nechte alespoň 1 hodinu vychladit v lednici.
e) Vychlazený salát před podáváním podle potřeby zakápněte slazeným kondenzovaným mlékem.
f) Salát tofu buko pandan podávejte jako osvěžující a krémový dezert.

POMAZÁNKY A DŽEMY

90. Matamis Na Bao

SLOŽENÍ:
- 2 šálky mladého kokosu (buko), strouhaného
- 1 šálek vody
- 1 šálek hnědého cukru

INSTRUKCE:
a) V hrnci smíchejte vodu a hnědý cukr.
b) Směs zahřívejte na středním plameni a míchejte, dokud se cukr úplně nerozpustí.
c) Do sirupové směsi přidáme strouhaný mladý kokos.
d) Kokosovou směs vařte na mírném ohni za občasného míchání, dokud se tekutina neodpaří a kokosové provázky nejsou plně potažené sirupem.
e) Odstraňte z ohně a nechte vychladnout.
f) Po vychladnutí přeneste Matamis na Bao do čisté sklenice nebo nádoby k uskladnění.
g) Podávejte jako sladkou svačinku nebo dezert samotný, nebo jej použijte jako polevu pro různé filipínské dezerty, jako je halo-halo nebo led.

91.Karamelizovaný džem z banánů a jackfruitů

SLOŽENÍ:
- 4 zralé banány, nakrájené na plátky
- 1 šálek zralého jackfruitu, nakrájeného
- 1 šálek hnědého cukru
- 1/4 šálku vody
- 1/2 lžičky vanilkového extraktu (volitelně)

INSTRUKCE:
a) V hrnci smíchejte hnědý cukr a vodu.
b) Směs zahřívejte na středním plameni a míchejte, dokud se cukr úplně nerozpustí.
c) Do sirupové směsi přidejte nakrájené banány a nakrájený jackfruit.
d) Směs vařte na mírném ohni za občasného míchání, dokud ovoce nezměkne a zkaramelizuje a tekutina nezhoustne do konzistence džemu.
e) Pokud chcete, přidejte vanilkový extrakt pro další chuť a dobře promíchejte.
f) Odstraňte z ohně a nechte vychladnout.
g) Po vychladnutí přeneste džem z karamelizovaného banánu a jackfruitu do čisté sklenice nebo nádoby a uskladněte.
h) Vychutnejte si ji jako pomazánku na toasty, palačinky, vafle nebo ji použijte jako náplň do pečiva a dezertů.

92. Broskvový mangový kompot

SLOŽENÍ:
- 2 zralé broskve, oloupané a nakrájené na kostičky
- 2 zralá manga, oloupaná a nakrájená na kostičky
- 1/4 šálku cukru (upravte podle chuti)
- 1/4 šálku vody
- 1 lžíce citronové šťávy
- 1/2 lžičky vanilkového extraktu

INSTRUKCE:
a) V hrnci smíchejte na kostičky nakrájené broskve, nakrájené mango, cukr, vodu, citronovou šťávu a vanilkový extrakt.
b) Směs zahříváme na středním plameni za občasného míchání, dokud ovoce nezměkne a tekutina nezhoustne do konzistence podobné kompotu.
c) Ochutnejte a v případě potřeby upravte sladkost přidáním dalšího cukru.
d) Odstraňte z ohně a nechte vychladnout.
e) Po vychladnutí přeneste kompot Peach Mango do čisté sklenice nebo nádoby pro skladování.
f) Podávejte jako polevu do jogurtu, zmrzliny, palačinek nebo vaflí nebo jej použijte jako náplň do koláčů a pečiva.

93. Mango ananasový džem

SLOŽENÍ:
- 2 šálky zralého manga, oloupaného a nakrájeného na kostičky
- 1 hrnek kousků ananasu
- 1 šálek krystalového cukru
- 2 lžíce citronové šťávy
- 1 lžička vanilkového extraktu

INSTRUKCE:
a) V hrnci smíchejte na kostičky nakrájené mango, kousky ananasu, cukr, citronovou šťávu a vanilkový extrakt.
b) Směs zahříváme na středním plameni za občasného míchání, dokud ovoce nezměkne a tekutina nezhoustne do konzistence džemu.
c) Ochutnejte a v případě potřeby upravte sladkost přidáním dalšího cukru.
d) Odstraňte z ohně a nechte vychladnout.
e) Po vychladnutí přeneste mangový ananasový džem do čisté sklenice nebo nádoby k uskladnění.
f) Vychutnejte si ji jako pomazánku na toasty, krekry nebo sendviče nebo ji použijte jako náplň do pečiva a dezertů.

94. Guava želé

SLOŽENÍ:
- 4 šálky dužiny guavy (z asi 12 zralých guajav)
- 4 šálky krystalového cukru
- 1/4 šálku citronové šťávy
- 1 balení (3 oz) tekutého ovocného pektinu

INSTRUKCE:
a) Ve velkém hrnci smíchejte dužinu z guavy, cukr a citronovou šťávu.
b) Směs přivedeme k varu na středně vysokém ohni za stálého míchání.
c) Jakmile se vaří, stáhněte plamen na středně nízký a za občasného míchání nechte asi 20 minut vařit, dokud směs nezhoustne.
d) Vmíchejte tekutý ovocný pektin a pokračujte ve vaření dalších 5 minut.
e) Odstraňte z tepla a seberte veškerou pěnu z povrchu.
f) Nalijte horké želé z guavy do sterilizovaných sklenic a ponechejte asi 1/4 palce místa nahoře.
g) Sklenice pevně uzavřete víčky a zpracujte je ve vroucí vodní lázni po dobu 10 minut.
h) Vyjměte sklenice z vodní lázně a nechte je vychladnout při pokojové teplotě.
i) Po vychladnutí zkontrolujte těsnění a skladujte Guava Jelly na chladném a tmavém místě.

95.Marmeláda Calamansi

SLOŽENÍ:
- 2 šálky calamansi šťávy (scezené)
- 2 šálky krystalového cukru
- Kůra ze 2 calamansi (volitelné)

INSTRUKCE:
a) V hrnci smíchejte šťávu z calamansi, cukr a kůru z calamansi (pokud používáte).
b) Směs přiveďte k varu na středně vysokém ohni za stálého míchání, dokud se cukr úplně nerozpustí.
c) Snižte plamen na středně nízký a nechte směs za občasného míchání vařit asi 30–40 minut, dokud nezhoustne a nedosáhne požadované konzistence.
d) Odstraňte z ohně a nechte vychladnout.
e) Po vychladnutí přeneste marmeládu Calamansi do sterilizovaných sklenic nebo nádob k uskladnění.
f) Vychutnejte si ji jako pomazánku na chleba, muffiny nebo krekry nebo ji použijte jako polevu do jogurtu či zmrzliny.

96.Mango chutney

SLOŽENÍ:

- 2 zralá manga, oloupaná a nakrájená na kostičky
- 1 cibule, nakrájená nadrobno
- 1/2 šálku rozinek
- 1/2 šálku jablečného octa
- 1/2 šálku hnědého cukru
- 1 lžička mletého zázvoru
- 1/2 lžičky mleté skořice
- 1/4 lžičky mletého hřebíčku
- Sůl a pepř na dochucení

INSTRUKCE:

a) V hrnci smíchejte na kostičky nakrájené mango, nakrájenou cibuli, rozinky, jablečný ocet, hnědý cukr, mletý zázvor, mletou skořici, mletý hřebíček, sůl a pepř.
b) Směs přivedeme k varu na středně vysokém ohni, poté stáhneme plamen na minimum a za občasného míchání necháme asi 30–40 minut vařit, dokud čatní nezhoustne a chutě se nespojí.
c) Ochutnejte a podle potřeby dochuťte.
d) Odstraňte z ohně a nechte vychladnout.
e) Po vychladnutí přeneste mangové chutney do sterilizovaných sklenic nebo nádob k uskladnění.
f) Vychutnejte si ho jako koření ke grilovanému masu, sendvičům nebo sýrovým talířům.

97. Ananasový kokosový džem

SLOŽENÍ:
- 2 šálky nakrájeného ananasu
- 1 šálek strouhaného kokosu (čerstvého nebo sušeného)
- 1 šálek krystalového cukru
- 1/4 šálku vody
- 1 lžíce limetkové šťávy
- 1/2 lžičky vanilkového extraktu

INSTRUKCE:
a) V hrnci smíchejte na kostičky nakrájený ananas, strouhaný kokos, cukr, vodu, limetkovou šťávu a vanilkový extrakt.
b) Směs zahříváme na středním plameni za občasného míchání, dokud ovoce nezměkne a tekutina nezhoustne do konzistence džemu.
c) Ochutnejte a v případě potřeby upravte sladkost přidáním dalšího cukru.
d) Odstraňte z ohně a nechte vychladnout.
e) Po vychladnutí přeneste ananasový kokosový džem do čisté sklenice nebo nádoby k uskladnění.
f) Vychutnejte si ho jako pomazánku na toasty, muffiny nebo palačinky nebo ho použijte jako polevu do jogurtu či ovesné kaše.

98.Chilli mango chutney

SLOŽENÍ:
- 2 zralá manga, oloupaná, vypeckovaná a nakrájená na kostičky
- ½ šálku cukru
- ¼ šálku octa
- 2-3 červené chilli papričky, nakrájené najemno (upravte podle chuti koření)
- ½ lžičky zázvoru, strouhaného
- ½ lžičky mletého hřebíčku
- Sůl podle chuti

INSTRUKCE:

a) V hrnci smíchejte mango, cukr, ocet, červené chilli papričky, zázvor, mletý hřebíček a špetku soli.

b) Vařte na mírném ohni za občasného míchání, dokud směs nezhoustne a mango nezměkne.

c) Nechte chutney vychladnout a poté uložte do sklenice. Toto pikantní mangové chutney je ideální pro přidání sladkého a pikantního šmrncu do vašich jídel.

99.Čerstvé ananasové chutney

SLOŽENÍ:

- 1 lg (6-7 lb) čerstvého ananasu
- 1 lžíce Sůl
- ½ Lg stroužek česneku, rozmačkaný
- 1¾ šálku rozinek bez semínek
- 1¼ šálku světle hnědého cukru
- 1 šálek jablečného octa
- 2 2 palcové tyčinky skořice
- ¼ lžičky mletého hřebíčku

INSTRUKCE:

Ananas oloupejte, rozdělte a nakrájejte nadrobno. posypte solí a nechte 1½ hodiny odpočinout.

Česnek a rozinky dejte přes sekáček na potraviny pomocí střední čepele. Přidejte k ananasu.

V hrnci smícháme cukr, ocet a koření a přivedeme k bodu varu. Přidáme ovocnou směs a na mírném zahřátí vaříme do zhoustnutí, asi 45 minut. Nalijeme do horkých, sterilizovaných frakčních sklenic a ihned uzavřeme.

100. Limetkové chutney

SLOŽENÍ:
- 12 limetek
- 2 lusky česneku
- 4palcový kousek zázvoru
- 8 zelených chilli papriček
- 1 lžíce chilli prášku
- 12 lžic cukru
- 1 šálek octa

INSTRUKCE:
a) Limetky očistěte a nakrájejte na malé kousky, odstraňte semínka. Limetku, která se nasbírá při sekání, si ponechte.
b) Česnek, zázvor a chilli papričky nakrájejte najemno.
c) Smíchejte všechny ingredience kromě octa.
d) Vařte na mírném ohni, dokud směs nezhoustne. Přidejte ocet a vařte 5 minut.
e) Ochlaďte a lahvujte. Snězte po 3-4 týdnech.

ZÁVĚR

Na konci naší cesty světem filipínských amerických dezertů doufám, že vás tato kuchařka inspirovala k tomu, abyste přijali sladkost života a oslavili bohaté kulturní dědictví, které utváří naše kulinářské zážitky. "Mayumu: Filipínské americké dezerty" byly vytvořeny s vášní pro ctění tradice, podporu kreativity a sdílení radosti ze sladkých dobrot s blízkými.

Děkuji, že jste se ke mně připojili na tomto lahodném dobrodružství. Ať se vaše kuchyně naplní vůněmi čerstvě upečené bibingky, zářivými barvami halo-halo a sladkými vzpomínkami na společné chvíle s rodinou a přáteli. Ať už si dopřáváte kousek dortu nebo si vychutnáváte lžíci pudinku, kéž vám každé sousto těchto filipínských amerických dezertů přiblíží srdce a duši této milované kuchyně.

Než se znovu setkáme, šťastné pečení a ať jsou vaše dezerty vždy naplněny sladkostí Mayumu. Zdravím vás a užijte si každý lahodný okamžik!

www.ingramcontent.com/pod-product-compliance
Lightning Source LLC
Chambersburg PA
CBHW070353120526
44590CB00014B/1114